Margit Kovács

Margit Kovács

ILONA PATAKY-BRESTYÁNSZKY

Margit Kovács

CORVINA
KÉPZŐMŰVÉSZETI KIADÓ

Originaltitel: Kovács Margit
Képzőművészeti Alap Kiadóvállalata · Corvina Kiadó, Budapest 1976

Aus dem Ungarischen übertragen von Heribert Thierry
Auswahl der Bilder: Ilona Pataky-Brestyánszky
Farbfotos: Alfréd Schiller
Schwarzweißfotos: Károly Gink, Ferenc Haár, Judit Kárász,
István Petrás und aus dem Archiv von Margit Kovács
Entwurf des Bandes: Mariann Gelányi

© Ilona Pataky-Brestyánszky
ISBN 963 13 2629 2 · ISBN 963 336 472 6

Vorderes Umschlagbild: *Stillende Mutter*
Hinteres Umschlagbild: *Krug — „Fluctuat nec mergitur"*

Fünfte Auflage

Die Kunst von Margit Kovács

Humanismus, Freude am Schönen, Ehrfurcht vor den Gesetzen des Materials und seiner Bearbeitung sowie virtuose Technik kennzeichnen die Werke der Keramikerin Margit Kovács, des jüngsten Mitgliedes einer Trias, der die moderne ungarische Keramikkunst zu verdanken ist: István Gádor, Géza Gorka und Margit Kovács. Die zarte, aber dennoch kraftvolle, zielbewußte Künstlerin meisterte sowohl Rundplastik und Relief als auch Fliesen mit in Ton geritzter Zeichnung, auf der Töpferscheibe hergestellte, impastierte Gefäße ebenso wie die Mischung fein nuancierter Glasuren. Im Mittelpunkt der Tätigkeit von Margit Kovács stand der Mensch. Ihr Themenkreis reichte von realistisch aufgefaßten Porträts, biblischen Kompositionen von tiefer Bedeutung, prächtig charakterisierten grotesken Figuren und Genrebildern bis zu Arbeitsszenen und knappen balladenhaften Illustrationen zu Volksliedern. Reichverzierte Krüge und Schalen wechseln sich in ihrem Œuvre ab. Ihre spezifisch individuelle Kunst wurzelt in der ungarischen Tradition, berührt aber gleichzeitig allgemein menschliche Probleme. Ihre Formensprache wie ihr künstlerisches Glaubensbekenntnis gehen auf die Doppeldeutigkeit des Jugendstils der Jahrhundertwende zurück, der eine Epoche abschließt und eine neue eröffnet. Die Künstlerin wurde 1902, in der Blütezeit des Jugendstils, in Győr, einem westungarischen Städtchen mit historischen Erinnerungen, geboren. Ihre Kinderjahre fielen mit dem Ende der Herrschaft Kaiser Franz Josephs und der österreichisch-ungarischen Monarchie zusammen. Ungarn begann sich in den letzten Jahrzehnten des 19. Jahrhunderts rasch zu entwickeln. Das neu erstarkte Bürgertum unternahm alle Anstrengungen, um seinen Rückstand in der kapitalistischen Entwicklung gegenüber anderen europäischen Staaten aufzuholen, und in einer Atmosphäre von Liberalismus und Kosmopolitismus gediehen die Wirtschaft und das Geistesleben gleichermaßen.

Während der unruhigen Zeit um die Jahrhundertwende bestanden in der ungarischen Gesellschaft große Gegensätze, aus deren Spannungen das zwanzigste Jahrhundert hervorging. Die Anzeichen der wissenschaftlich-technischen Revolution, die stürmische industrielle Entwicklung, die die Klassenstruktur der Gesellschaft von Grund auf veränderte, das Entstehen der Großstädte und das immer rascher pulsierende Leben sprengten die Schranken des Althergebrachten. Der Liberalismus forderte die uneingeschränkte Freiheit des Individuums: „Das Individuum verlangt nach Freiheit, um eine neue Kunst zu schaffen, die der Zeit und dem Volk entspricht, aus dessen Kreise sie hervorgegangen ist…"[1] Das neue Kunstbestreben, der Jugendstil, überflutete ganz Europa und erfaßte auch Ungarn.

Er durchdrang das gesamte Kulturleben, beeinflußte die Ausdrucksmittel aller Künste und auch die verschiedenen Kunstanschauungen. Im Kampf zwischen „Fortschritt und Zopf" — schreibt der größte ungarische Dichter jener Zeit, Endre Ady — habe der Jugendstil einen entscheidenden Einfluß auf Geschmack und Kunstentwicklung ausgeübt. Er sei ein gigantischer Versuch, einen universalen, alles umfassenden Zeitstil herauszubilden, dem erst der erste Weltkrieg ein Ende gesetzt habe.

Was bedeutete nun diese stark vom Kunstgewerbe beeinflußte Stilströmung für das östliche Mitteleuropa, im besonderen für Ungarn? Lajos Németh schreibt: „Außer der Suche nach der großen Kunst, dem großen Stil, einen im bengalischen Lichte der Millenniumsfeier stark national gefärbten, in erster Linie ornamentalen Stil, in dem trotz kosmopolitischen Ursprungs Verzierung und Konstruktion geschnitzter siebenbürgischer Hoftore, erotische Romantik, Todessehnsucht und Mystizismus, kommerzielle Verbrauchssezession, mystisch gefärbte Stilnostalgie der oppositionellen großen Meister und den Stil der sozialen Wirklichkeit tatsächlich treffende industrielle Ästhetik, die kunsttheoretischen Schriften Ruskins und Oscar Wildes, Nietzsche und die Untergrundbahn, die Bauten Ödön Lechners, das Gebäude des Kunstgewerbemuseums und der Postsparkasse, die Majolika von Zsolnay und Álmos Jaschik ihren Platz fanden."[2] Was mochte von alledem die in ihrer stillen westungarischen Kleinstadt aufwachsende Margit Kovács gesehen und erfaßt haben? Wohl eher die alltäglichen Sorgen, Schwierigkeiten und einfachen Freuden kleiner Leute, hauptsächlich aber die Not, den Kampf gegen ein hartes Schicksal. Nach dem frühen Tode ihres Vaters, der Professor war, lernte sie an der Seite ihrer Mutter, der Leiterin eines Knabeninternats, bereits in jungen Jahren materielle Sorgen kennen.

Margit Kovács zeigte bald künstlerisches Talent. Alles regte ihre Phantasie an. In ihrer Erinnerung speicherte sie die bunten Bilder der Dorfbewohner: schwere Bündel schleppende Bäuerinnen, mit Vieh beladene Leiterwagen, Marktgetümmel, Marktfrauen inmitten bunter Obst- und Gemüseberge und hinter Fischständen. In reiferen Jahren erweckte sie alle diese Erinnerungen in ihren künstlerischen Werken zu Symbolen ewigen Lebens.

Sie zeichnete viel, versuchte ihre Erlebnisse in Linien auszudrücken. In der Straße, in der sie ihre Kinderjahre verbrachte, wohnte auch ein Ofensetzer, dem das sich entfaltende Formgefühl des Kindes auffiel und der sie mit dem Ton — dem Grundstoff ihres späteren Berufes — bekannt machte. Nach dem Abitur mußte sie sich nach einem Broterwerb umsehen. Sie versuchte, als Angestellte in einer Bank unterzukommen, doch die Familie beschloß, angesichts ihrer erwachenden künstlerischen Neigung, weitere materielle Opfer auf sich zu nehmen und es ihr zu ermöglichen, die Studien in Budapest fortzusetzen.

Ihr Weg führte sie zu einem berühmten Graphiker, zu Álmos Jaschik. Dieser hatte im Jahre 1920 eine Privatschule eröffnet, aus der Künstler hervorgingen, die für die moderne ungarische Graphik und das Kunstgewerbe bahnbrechend waren. Die Gebrauchsgraphik der ersten Jahrzehnte des Jahrhunderts ist vom Stil Álmos Jaschiks geprägt. Dieser beschäftigte sich hauptsächlich mit Buchillustrationen, seine Illustrationen zu den Gedichten Sándor Petőfis und Endre Adys sind Schöpfungen von bleibendem Wert, in denen gleichermaßen Dekadenz, Symbolismus und dekorative Stilisierung der Wirklichkeit enthalten sind. Die spielerisch launenhafte Linienführung, die stilisierten, volkstümliche Elemente aufnehmenden Linienspiele, die Spannung und die reichen Varianten des Bewegungsrhythmus erheben seine Werke zu charakteristischen Schöpfungen des europäischen Jugendstils. Die zierlichen Gestalten seiner Illustrationen sind von den Zeichnungen Walter Cranes, William Morris' und Aubrey Vincent Beardsleys inspiriert und widerspiegeln auch den Einfluß des Wiener Sezessionistenkreises um die Zeitschrift *Ver Sacrum,* in erster Linie Emil Orliks.

In Wien brach sich der Jugendstil mit jugendlicher Dynamik Bahn, er bedeutete moderne Auffassungen, gesellschaftlichen Fortschritt und Auflehnung gegen den Akademismus.

In seinen Lehrprinzipien war Álmos Jaschik — charakteristisch für den Jugendstil — ein Vertreter der Verschmelzung aller künstlerischen Genres. Seine Schüler — und auch Margit Kovács — übernahmen diese Anschauungen. Die Theorie, die zur ideologischen Grundlage der Jugenstilbewegung wurde, war um die Mitte des 19. Jahrhunderts von den englischen Präraffaeliten John Ruskin, Dante Gabriel Rossetti, William Holman Hunt, John Everett Millais, Edward Burne-Jones und William Morris entwickelt worden. Die wirtschaftliche Grundlage war die große wirtschaftlich-industrielle Entwicklung, deren Nutznießer die vornehme englische Gesellschaft war. Mit der Verbreitung der Fabrikindustrie sank jedoch das ästhetische Niveau der Gebrauchsgegenstände stark, denn die Fabriken waren nur auf Befriedigung der quantitativen Ansprüche bedacht. Bei den Gegenständen des täglichen Gebrauchs wurden ästhetische Fragen des Materials, seine schöne und zweckmäßige Gestaltung und Traditionen der einstigen Handwerkerzünfte außer acht gelassen. Die Revolution der Produktionsmethoden, der Materialien und technologischen Verfahren forderte eine Erneuerung des Entwurfs und der ästhetischen Gestaltung. Das ist eines der wichtigsten Charakteristika des Jugendstils und später der Formgestaltung des 20. Jahrhunderts.

Der Sozialreformer Morris, auch in seinen ästhetischen Anschauungen bahnbrechend, setzte Ruskins Prinzipien, das Glaubensbekenntnis „Schönheit ist unser tägliches Brot", in die Wirklichkeit um. Das wurde schließlich zum Ausdruck des dekadenten Lebensgefühls der überfeinerten bürgerlichen Elite nach der Jahrhundertwende. William Morris wandte seine Lehren in der von ihm gegründeten Firma und Druckerei, der Kelmscott Press, praktisch an. Um Morris und Ruskin scharten sich viele hervorragende Kunsthandwerker (Ch. R. Ashbee, Ch. R. Mackintosh usw.). In Zusammenarbeit mit dieser Gruppe förderte die englische Bewegung „Arts and Crafts Movement" die Entwicklung des Jugendstils, die abstrakte Bewegtheit der Formen, die Vermischung organischer Pflanzenformen mit statisch-geometrischen Elementen. Als Quellen dieser Formerneuerung dienten die Malerei des italienischen Quattrocento, die japanische Kunst und in Mitteleuropa auch in bedeutendem Maße die Volkskunst.

Die Werke Álmos Jaschiks entsprechen ebenfalls der Lebensauffassung des ungarischen Großbürgertums der Jahrhundertwende. Der Meister übermittelte sein künstlerisches Glaubensbekenntnis, „Schönheit ist unser tägliches Brot" auch seinen Schülern. Margit Kovács hat diese Lehre bis zu ihrem Tod befolgt. Jaschik stellte auch eine eigene Kunsttheorie auf, deren Grundformel die das Leben symbolisierende Linie in Spiralform war. (Die sanft gekrümmte Spirallinie ist das bezeichnendste Formelement des Jugendstils.)

Margit Kovács wollte zuerst Graphikerin werden, deshalb erhielt sie am Anfang verschiedene Aufgaben auf dem Gebiet der Gebrauchsgraphik; sie entwarf Plakate, Verpackungen, Bucheinbände und -umschläge und schuf Buchillustrationen. An der Schule Jaschiks studierte sie von 1922 bis 1926. Außer in der Graphik versuchte sie sich in der Werkstatt der Budapester Kunstgewerbeschule — zusammen mit ihrer Freundin, der Keramikerin Judith Kende — auch in Porzellanmalerei, die damals in der bürgerlichen Gesellschaft Pests sehr in Mode gekommen war. Besonders interessiert war sie an diesem Kunstgenre nicht, doch hat es dazu beigetragen, ihre Neigung zur Keramik zu stärken.

Zur Fortsetzung ihrer Studien reiste sie, wie so viele Schriftsteller und Künstler ihrer Generation, im Jahre 1926 nach Wien. Ihre Absichten und Gedanken charakterisieren die Worte des Dichters István Vas, der im Jahre 1929 nach Wien reiste: „mit dem gewohnten Gefühl, daß mein Weg mich aus unserem halbfeudalen, halbkapitalistischen ‚Brachland' in den ‚kultivierten Westen' führt".[3]

Das ungarische Kulturleben blieb trotz der Auflösung des Habsburgerreiches in starker Abhängigkeit von Wien, der ehemaligen Hauptstadt der österreichisch-ungarischen Monarchie, die nach dem Sturz der Räterepublik die fortschrittlichen Vertreter des ungarischen Geisteslebens aufnahm. Einer dünnen Schicht des städtischen Bürgertums bedeutete Wien das Mekka der Bildung und des gesellschaftlichen Fortschritts. Was das Kunstgewerbe betrifft, so war Wien dank der Tätigkeit der Wiener Werkstätte tatsächlich ein Zentrum der europäischen Entwicklung und spielte in Ost- und Mitteleuropa bei der Entfaltung aller Zweige des modernen Kunstgewerbes, in erster Linie aber der Keramik, eine wichtige Rolle. Die Gründung der Wiener Werkstätte knüpft sich an den Namen Josef Hoffmanns, einer führenden Persönlichkeit der Wiener Sezession, der mit dem Leiter der Wiener Künstlervereinigung „Sezession", Gustav Klimt, mit Kolo Moser und mit Fritz Wärndorfer, dem Geschäftsmann und Kunstfreund, im Jahre 1903 das Wiener Zentrum des Kunstgewerbes gründete. Die „Wiener Werkstätte" war eine Weiterentwicklung des Gedankens der „Werkstätte", der von den Präraffaeliten verkündet worden war. Die hier beschäftigten Künstler sollten auf eine ästhetische Formgestaltung von Gebrauchsgegenständen, Möbeln, Einrichtungsgegenständen und Tafelgeschirr bedacht sein, eine neue Harmonie zwischen Außen- und Innenarchitektur herstellen und die Umwelt des Menschen harmonisch gestalten. Sie schufen individuelle Stücke, entwarfen aber auch Serien. Im ersten Jahrzehnt des Jahrhunderts arbeiteten bereits mehr als hundert Arbeiter, dreißig Meister und Handwerker in den Werkstätten.

Als Margit Kovács studierte, war der Architekt Dagobert Peche die Seele der Wiener Werkstätte. Seine Tätigkeit prägte deren zweiten Abschnitt in den Jahrzehnten nach dem ersten Weltkrieg. Mit der leichten Eleganz seiner spielerischen, phantasiereichen und stark dekorativen Formbildung übte er einen starken Einfluß auf die in Wien wirkenden Kunstgewerbler aus. Dagobert Peche spielte in der mehrere Stilbestrebungen eklektisch in sich vereinigenden Bewegung des „Art Deco" eine bedeutende Rolle. Diese Stilbestrebung hat außer einer konstruktiveren, strafferen Formbildung und einer Art Klassizismus vom Sezessionsstil die kraftvolle Stilisierung und das Streben nach Dekorativität (wie schon die Benennung andeutet) bewahrt, dagegen aber stärkere Farbenwirkungen als der Sezessionsstil angestrebt. Eine charakteristische Eigenheit des „Art Deco" ist die Verwendung volkstümlicher Elemente, die nach dem ersten Weltkrieg im ungarischen Kunstgewerbe eine verstärkte Bedeutung gewann. Die Wirkung des „Art Deco" in der ungarischen Kunst zwischen den beiden Weltkriegen kann im Schaffen der ungarischen Kunstgewerbler, István Gádor, Géza Gorka und Margit Kovács, nachgewiesen werden.

Zwischen der Wiener Werkstätte und dem Professor der Wiener Kunstgewerbeschule, Michael Powolny, bestand eine enge Zusammenarbeit. Margit Kovács reiste zu Powolny nach Wien. Ganz im Sinne des Sezessionsstils verkündete dieser eine Erneuerung und Verfeinerung der handwerklichen Tradition der Keramik. Die Formgebung seiner Arbeiten war stark durch die Negerplastik beeinflußt. Dank Powolny gewann die Kunst der afrikanischen Völker im eigentümlichen Formen- und Motivschatz der Wiener Werkstätte neben der dekorativen Welt des Sezessionsstils große Bedeutung.

In der Person István Gádors, des Begründers der modernen ungarischen Keramik, schloß sich Ungarn frühzeitig an die Wiener Werkstätte an. Bereits 1915 wurde er ihr Mitglied. Im Jahre 1921 trat er zum ersten Mal mit modern inspirierter Keramik vor die ungarische Öffentlichkeit. Bereits im Jahre 1926 — als Margit Kovács nach Wien reiste — gewann er auf der Weltausstellung in Barcelona mit seinen Werken eine Goldmedaille.[4]

In den Ländern Osteuropas haben Schüler der Wiener Werkstätte die Kunstkeramik begründet: in Böhmen Helena Johnova, die erste moderne tschechische Kunstkeramikerin, die seit 1919 an der Prager Kunstgewerbeschule lehrte. Über die tschechische Keramik schloß sich auch die moderne Kunstkeramik Jugoslawiens mit ihrem Begründer Hinko Juhn an die Wiener Werkstätte an. Für die Entwicklung der modernen Keramik spielen die systematischen wissenschaftlichen Experimente der frazösischen Keramiker eine wichtige Rolle. Seit der Mitte des 19. Jahrhunderts studierten sie, von den früheren Stilformen angeregt, die in Vergessenheit geratenen Geheimnisse der alten keramischen Techniken und entdeckten sie aufs neue. Charles-Antoine Avisseau lüftete das Geheimnis der sogenannten Palissyware aus der Zeit der französischen Renaissance — Fayencen mit aufgelegten Reliefs von Tieren und Pflanzen — und übte damit einen großen Einfluß auf die mitteleuropäische Keramik der zweiten Hälfte des 19. Jahrhunderts aus. Diese Palissyware erschien in mehreren Fabriken Europas, unter anderen im Jahre 1874 in der Fabrik des Ungarn Vilmos Zsolnay in Pécs.[5] Jules Claude Ziegler experimentierte mit der deutschen Technik des Steinzeugs mit Salzglasur, und der Elsässer Joseph Théodore Deck, der damalige Fürst der keramischen Kunst, entdeckte für die moderne Keramik eine ganze Reihe von keramischen Techniken des Nahen und Fernen Ostens. Er gehörte zu den leidenschaftlichen Forschern, und an seinen Namen knüpft sich die Entdeckung zahlreicher neuer Techniken und Dekorationsmethoden. Mit großem Erfolg nahm er an den Weltausstellungen in der zweiten Hälfte des 19. Jahrhunderts teil, seine Werke wurden in ganz Europa imitiert, da sie mit ihrer Pracht gut in die überfüllten Interieurs der Jahrhundertwende paßten. Die Werke Decks wurden seit den achtziger Jahren von der damals weltberühmten Zsolnay-Fabrik in Pécs nachgeahmt.[6]

In der Geschichte der Stilerneuerungen und der Jugendstilkeramik haben von den hervorragenden, individuell tätigen Keramikern die Mitglieder der Gruppe „L'Art du Feu" (Die Kunst des Feuers)[7] durch ihre schöpferische Tätigkeit den größten Einfluß auf die Entwicklung ausgeübt. Sie kämpften mit Erfolg für die Anerkennung des künstlerischen Ranges der individuellen Keramik, und sie haben den Boden für die Kunstkeramiker unseres Jahrhunderts vorbereitet.

Die Mitglieder des „Art du Feu" scharten sich um E. Chaplet. Ihre Arbeiten fertigten sie aus gebranntem Steingut (grès) an, das auch heute noch den Grundstoff für die

Kunstkeramik darstellt, und zierten sie nach dem Muster chinesischen und japanischen Steinguts mit Glasuren. Chaplet[8] erntete seine ersten Erfolge mit seinem dem französischen Geschmack entsprechenden, aber auf japanische Vorbilder hinweisenden Dekor. Sein großes Verdienst ist die Verwendung von Glasuren in allen Schattierungen von Kupferrot, Blau, Lila und Weiß. Er formte seine Werke auf der Töpferscheibe, doch knüpft sich auch die Wiedereinführung der handgeformten Keramik an seinen Namen. Viele folgten seinem Beispiel, und die Formung mit der Hand wurde im 20. Jahrhundert zu einer der charakteristischsten Techniken der europäischen Kunstkeramik entwickelt. Jeder moderne Keramiker bedient sich ihrer, auch Margit Kovács, die sie mit der uralten Scheibentechnik kombinierte.

Um Chaplet entstand eine Schule, deren hervorragendstes Mitglied Auguste Delacherche war[9], der später auch die Werkstätte Chaplets übernahm. Er schuf nicht nur wertvolle Gebrauchsgegenstände, sondern auch Entwürfe für die Industrie zur Serienproduktion.

Die französischen Keramiker haben die Entwicklung der modernen europäischen Keramik hinsichtlich der Technik wie auch der Formensprache bestimmend beeinflußt. Sie waren als erste bewußt bestrebt, die Trennung zwischen bildender Kunst und Kunstgewerbe, wie sie sich in der Entwicklung der modernen Keramik ausgebildet hatte, zu beseitigen.

Zu den Schülern Chaplets gehörten auch Adrien Dalpeyrat[10] und Edmond Lachenal[11]. Die Werke Dalpeyrats zeichnen sich durch tiefblaue, blutrote und gelbe, transparente Glasuren aus. Seine Vasen schmückte er mit figuralen Reliefs. Auch in der Kunst Edmond Lachenals wird der japanische Einfluß deutlich.

Emile Lenoble stand ebenfalls mit Chaplet in Verbindung.[12] Mit Hilfe der Engobe-Technik und der Linienornamentik erzielte er einen schwungvoll stilisierten Blumendekor. Seine kraftvollen Farben verschmolzen harmonisch mit dem Grau des Steinzeugs.

Den Übergang zur zeitgenössischen Kunstkeramik bildet die Tätigkeit Emile Decœurs.[13] Nur spärliche Verzierungen, wenige buchstabenartige Ornamente in Relief oder ein paar Blätter beleben seine Gefäße. Die fein getönten Glasuren sind dick aufgetragen, die Oberfläche seiner Gefäße wirkt weich, samtartig. Seine Vasen formte er mit der Hand.

In den Werkstätten von Delacherche, Chaplet, Carries, Dalpeyrat, Lachenal, Lenoble und anderen entwickelte sich die moderne Keramik, in der sich künstlerische Ausdruckskraft und gründliches technisches Können vereinigten und die dadurch der übrigen bildenden Kunst ebenbürtig wurde. Ihre Bestrebungen fanden in ganz Europa begeisterte Nachahmer. In erster Linie wurde die Tätigkeit von Fabriken und kleineren keramischen Betrieben angeregt. Dies gilt auch für Vilmos Zsolnay in Pécs, in dessen Fabrik — der bekanntesten in der österreichisch-ungarischen Monarchie — die von Henrik Dari-

lek, Géza Nikelszky und Lajos Mack entworfenen künstlerischen Keramiken in kleiner Serie hergestellt wurden.

Es ist eines der Verdienste der Künstler der Gruppe „Art du Feu", daß unter ihrem Einfluß eine ganze Reihe ausgezeichneter bildender Künstler mit Keramik zu experimentieren begann. Die Mitglieder der Gruppe „Nabis" (Propheten) waren sich früh der Bedeutung des Kunstgewerbes bewußt geworden und hatten als erste die Möglichkeiten der Keramik erkannt[14]. Denis, Bonnard und Vuillard haben Entwürfe für kunsthandwerkliche Erzeugnisse geschaffen. Der weltberühmte Bildhauer Maillol entwarf in Banyuls-sur-Mer Kartons für Teppiche, József Rippl-Rónai, ein ungarisches Mitglied der Gruppe, beschäftigte sich mit Gobelins, Möbeln, Glasmalerei und Keramik.

Um 1900 wandte sich die Künstlergruppe der „Fauves" um Matisse schon mit besonderem Interesse der Keramik zu, hauptsächlich unter dem Einfluß des früh verstorbenen ausgezeichneten französischen Keramikers André Metthey (1871–1921)[15]. Im Freundeskreis Mettheys — unter anderen gehörten Matisse, Rouault, Bonnard, Derain, van Dongen und Vlaminck dazu — wurden Teller, Vasen, seltener auch Teeservice bemalt. Nach dem ersten Weltkrieg fertigten auf Anregung des nach Paris übersiedelten katalanischen Keramikers Llorens Artigas[16] auch Braque, Dufy und Miró Keramiken an.

Und doch kann das Interesse der Künstler für die Keramik nur als vorübergehende Erscheinung betrachtet werden. Auch Picasso, der Größte der modernen bildenden Kunst, bildet dabei keine Ausnahme. Als jedoch im Jahre 1946 Picasso[17] in der Werkstatt Georges Ramiés in Vallauris, der ehemaligen Zentrale der Töpferei, seinen ersten kleinen Keramikstier formte, ist das allgemeine Interesse an dieser Kunst mächtig angewachsen. Heute folgen bereits die meisten zeitgenössischen Künstler den Spuren Picassos und suchen in der Keramik neue Möglichkeiten künstlerischer Ausdrucksweise.

In Paris folgten Keramikausstellungen von Malern und Bildhauern aufeinander. Die Künstler überschritten oft die Schranken der Keramik, sie vereinigten das Plastische mit dem Malerischen und gestalteten keramische Formen, die in tausendjähriger Tradition entwickelt wurden, zu Gegenständen moderner Wohnungseinrichtungen um.

Unter den hervorragendsten bildenden Künstlern schufen neben den bereits erwähnten auch Fernand Léger, Jean Lurçat, Georges Braque, Jean Cocteau, van Dongen und der aus Ungarn stammende Victor Vasarely Keramiken und wirkten so ebenfalls anregend auf die Keramiker.

Entscheidend für die künstlerische Entwicklung von Margit Kovács war, daß sie Powolny aus Platzmangel in Wien nicht aufnehmen konnte, aber zur Fortsetzung ihrer Studien zu Hertha Bucher, einer früheren Kollegin István Gádors und ausgezeichneten Keramikerin der zweiten Generation der Wiener Werkstätte, schickte. Die Wiener Werkstätte hatte sich im Jahre 1932 aufgelöst, bedeutende Mitglieder dieser zweiten Generation, wie Wally Wieselthier, Gudrun Baudisch-Teltscher, Grete Kleinwalder, Viktor Lurje, Lucie Rie-Gomperz, Willy Russ, Susi Singer-Schimmerl und Julie Sitte, arbeiteten zur Zeit der Wiener Studien Margit Kovács' unter der Leitung von F. Schleiss mit der Gmundener Keramischen Werkstätte[18] zusammen. Hertha Bucher hatte ihre kleine Werkstatt in einem alten einstöckigen Haus in der Wiener Mozartgasse. In einem Interview durch das Blatt *Új Magyarság* im Jahre 1936 erinnerte sich Margit Kovács an ihre Meisterin, in deren kleiner Werkstatt „nicht mehr als vier bis fünf Schülern eine um so gründlichere Ausbildung zuteil wurde, und die es verstand, in ihnen Lust und Liebe für die Keramik zu erwecken"[19]. Es war Hertha Bucher, die Margit Kovács die Töpferei nahebrachte. Und diese lernte mit Begeisterung die Geheimnisse des Handwerks kennen, knetete von morgens bis abends ihre Figuren und formte Schalen, wie sie es bei ihrer Meisterin gesehen hatte.

Nach Álmos Jaschik hatte die verschlossene, nur ihrer Arbeit lebende Hertha Bucher ihrer Schülerin Margit Kovács vieles an menschlicher Haltung und handwerklichem Können zu bieten: das Neueste, das Modernste an Formenschatz und Technik. Sie war nicht nur eine ausgezeichnete Keramikerin, sondern auch eine gute Pädagogin. Ihre Figuren fertigte sie auf der Töpferscheibe an, und dieses uralte Werkzeug erzog ihre Schüler zu unbedingter Ehrfurcht vor dem Material. Virtuos knetete und drehte sie sogar lebensgroße Figuren. Ihr frisches, ausdrucksvolles Modellieren und ihr technisches Können haben mehr als ein Jahrzehnt lang Margit Kovács beeinflußt. Die von Hertha Bucher angefertigten großen Gegenstände, so zum Beispiel Kamine, haben ebenfalls eine anregende Wirkung auf die Kunst Margit Kovács' ausgeübt.

Margit Kovács hat zwei Jahre in Wien verbracht. Sie wurde mit verschiedenen stilistischen Bestrebungen und neuen Glasurtechniken bekannt, die mit der Verbreitung der Ideen der Künstler des „Art du Feu" auch nach Wien gelangten. Zu diesen letzteren gehörten die damals sehr beliebten leichtflüssigen Glasuren, die von Hertha Bucher ausgezeichnet angewendet wurden.

Margit Kovács widmete ihre knapp bemessene Freizeit dem Studium musealer Schätze. Dabei fühlte sie sich von den Meisterwerken der frühen griechischen und römischen Kunst besonders angezogen; die gotische Pracht und die mystische Atmosphäre des Wiener Stephansdoms wurden ihr zum bleibenden Erlebnis.

Was hat Margit Kovács zu den unserer Zeit so fern liegenden Meisterwerken gezogen? In einem Interview im Jahre 1950 sagte sie: „Ich habe in ihnen etwas sehr Altes und Aufrichtiges gefühlt, den Liebreiz einer primitiven Ausdrucksweise, die ausgewogene Schönheit der Komposition."[20]

Die nächste Station ihrer Studienzeit war München, wo sie von 1928 bis 1929 an der Staatlichen Hochschule für angewandte Kunst bei Karl Killer Bildhauerei und bei Adalbert Niemayer Keramik studierte. Karl Killer fertigte in sehr materialgerechter Modellierung religiöse Werke

an. Hier hat Margit Kovács gelernt, ihre plötzlich auftauchenden Ideen mit kleinen Tonröllchen zu skizzieren, ein Verfahren, das bis zuletzt zu ihrer Arbeitsmethode gehörte.

1929 kehrte sie aus München zurück. Sie übersiedelte von Győr nach Budapest und schaltete sich in das heimische Kunstleben ein. So wunderbar schnell hatte sie sich während ihrer Lehrjahre die Geheimnisse ihres Handwerks angeeignet, daß sie sich bereits im Jahr 1928 gemeinsam mit dem Maler György János Simon in der Tamás-Galerie in der Akadémia utca in Budapest mit ihren Werken vorstellen konnte[21]. Die Kritik bezeichnete ihre Werke als „interessant artistisch". Im Juni desselben Jahres nahm sie an der Gruppenausstellung des „Nemzeti Szalon" (Nationalsalon)[22] teil. Mit ihren ausgestellten Werken hat sie, so die Kritik im Jahrgang 1929 der Zeitschrift *Magyar Iparművészet* (Ungarisches Kunstgewerbe), „Aufsehen erregt"[23]. Diese Werke werden „für vielversprechende Versuche eines sehr talentierten Mädchens gehalten", welches, „wenn es sich durch ernstes Studium und Beharrlichkeit die Vorbedingungen für den Erfolg, das heißt, die unerläßliche Vertrautheit mit der Bildhauerei, dem Zeichnen und der keramischen Technologie zu schaffen weiß, durch ihr Talent in die erste Reihe der modernen Keramiker gelangen wird."[24] Margit Kovács gehörte also zu den glücklichen Künstlern, die vom ersten Augenblick an geschätzt und gewürdigt werden.

Nach der Rückkehr aus München gingen die harten, kampfreichen Jahre des Lernens weiter. Sie forschte nach verschiedenen Möglichkeiten, das Material zu formen, und suchte mit der sie bis zum Ende auszeichnenden fieberhaften Energie nach einer eigenen Ausdrucksweise. In ihrer Formensprache vereinigte sie alles, was von den künstlerischen Bestrebungen der Vergangenheit und der Gegenwart ihrer Persönlichkeit, ihrer Stimmung und ihrem Stil gefühlsmäßig nahestand. In dieser Zeit mußte sie viel entbehren. Sie mietete eine kleine Wohnung, in deren Küche sie mit ihrer Mutter, „ihrem Lehrling", arbeitete, die ihrer Tochter nicht nur eine Stütze, sondern auch hilfreiche Gefährtin, Freundin und zugleich Manager war. Einen Ofen, in dem sie ihre Keramiken hätte brennen können, besaß — wie die meisten der damals tätigen ungarischen Keramiker — auch sie nicht.

Dem politisch-gesellschaftlichen Zusammenbruch nach dem ersten Weltkrieg und der konterrevolutionären Diktatur von 1919 bis 1921 folgten die Jahre der sogenannten Konsolidierung, doch stürzte die allgemeine Krise des Jahres 1929 die labile ungarische Wirtschaft in eine katastrophale Lage. Das Elend der Künstler wurde immer drückender. Die Zeitschrift *Magyar Iparművészet* schildert die Situation im Jahre 1929 folgendermaßen: „Die Klagen über die heutige traurige Lage der Kunstgewerbler und des ungarischen Kunstgewerbes sind verständlich, denn im allgemeinen werden die Kunstgewerbler und ihre Produkte von der ungarischen Gesellschaft nicht so geschätzt, wie man dies mit Recht erwarten dürfte... Es gibt wenig Arbeitsmöglichkeiten, und wenn es solche gibt, werden die ausgebildeten Kunstgewerbler oft übergangen." Die Kunstgewerbler, unter ihnen auch die Keramiker, „wünschen sich Arbeit, um leben zu können und nicht zur Auswanderung oder zur Tätigkeit in anderen Bereichen gezwungen zu werden... Wir müssen eingestehen, daß die Entwicklung unseres Kunstgewerbes im Weltkrieg stagnierte und deswegen dem rasch fortschreitenden Kunstgewerbe einzelner Kulturstaaten gegenüber zurückgeblieben ist. Der unmittelbare Grund dafür liegt in der Verarmung des sogenannten Mittelstandes. Die opferbereiten und eifrigsten Gönner unseres Kunstgewerbes waren — abgesehen von einigen sehr seltenen Ausnahmen — nicht die Oberschicht, der Hochadel, der hohe Klerus, sondern die humanistisch Gebildeten, Professoren, Advokaten, Ärzte, die gebildeten Kaufleute, Industriellen, Beamten usw. Es ist bekannt, daß gerade diese Bevölkerungsschicht vom wirtschaftlichen Zusammenbruch am schwersten getroffen worden ist und in ihrer kritischen materiellen Lage gezwungen war, ihre Ausgaben auf das Nötigste zu beschränken, so daß kaum etwas für kunstgewerbliche Zwecke übrigbleibt."[25]

Angesichts dieser ungünstigen Lebensbedingungen mußten Margit Kovács, István Gádor, Géza Gorka und ihre übrigen Schicksalsgenossen in diesen Jahren bitter um das tägliche Brot kämpfen. Aber auch unter diesen schwierigen Bedingungen vervollkommnete die Künstlerin beharrlich ihre technischen Kenntnisse, suchte nach ihrer eigenen künstlerischen Art und nach der entsprechendsten Ausdrucksweise.

Wann spricht man vom Künstler? Wo verläuft die geheimnisvolle Grenze, von der ab der Schüler zum Meister wird, wo Stimme, Rhythmus und Bild unverkennbar individuell werden? Es gibt Künstler, bei denen ihre Persönlichkeit plötzlich zum Durchbruch kommt; bei anderen ist der Übergang allmählich, sie lassen schon in dieser oder jener Schöpfung ein zukünftiges Meisterwerk ahnen. Kann man den Augenblick erfassen, in dem der Schüler zum Meister wird? Bei Margit Kovács sind die Abschnitte ihres künstlerischen Reifeprozesses gut zu verfolgen. Nach München zeichnen sich in ihren Werken im wesentlichen schon ihre Anschauungen und ihre künstlerische Haltung, die Formenwelt und Motive ab, die sie über verschiedene, immer vollkommenere Stufen zu einer hervorragenden Vertreterin der ungarischen und europäischen Kunstkeramik werden lassen. Der Stimmungsgehalt ihrer ersten Versuche stand ihrem wahren Wesen näher als die starrere, stilisiertere Vortragsweise des in den dreißiger Jahren sich entfaltenden neuen Stils — obwohl dieser sich aus den gesellschaftlichen und künstlerischen Umständen notwendigerweise ergeben hat.

Das Arbeitsverfahren und die Technik von Margit Kovács sind in den dreißiger Jahren vollkommen. An Hertha Bucher erinnert das Skizzieren der Kompositionen und Themen mit Hilfe kleiner Tonröllchen, deren lebendige Frische noch das ausdrucksvolle Fieber der Entstehung

bewahrt, während es formal die stilisierte, geometrisierende Linienführung der Wiener Werkstätte mit einer Art Orientalismus vermischt, der an das verschlungene persische (sassanidische) Flechtwerk erinnert. Diese geometrisierende Linienführung erscheint im ungarischen Kunstgewerbe häufig auch bei figuralen Darstellungen, so an den in dieser Zeit entstandenen Werken István Gádors und in der Ornamentik der Künstler um Lajos Kozma. Das Kunstgewerbe dieser Zeit setzt sich — ähnlich wie in anderen Ländern Europas — aus verschiedensten Stilelementen und -tendenzen zusammen. Zwischen den zwei Weltkriegen lebten zahlreiche stilistische Varianten des Historizismus wieder auf. Die von der Regierung offiziell unterstützte Richtung war der Neubarock, doch kann in der Architektur und dem Kunstgewerbe der Zeit auch die Absicht nachgewiesen werden, das Mittelalter wieder aufleben zu lassen (so zum Beispiel das römisch-katholische bischöfliche Palais und die theologische Hochschule in Szeged und eine ganze Reihe von kleineren römisch-katholischen Kirchen). Auch die ungarische Variante des Jugendstils lebt in Architektur und Kunstgewerbe weiter. Daneben gab es den Konstruktivismus des Kreises um Lajos Kassák und gegen Ende der zwanziger Jahre den Neuklassizismus.

Seit dem Ausgang der zwanziger Jahre wird dieses Bild noch durch die Tätigkeit der nach dem Beispiel des Bauhauses weiter arbeitenden Architekten und der von ihnen beeinflußten Kunstgewerbler sowie durch die Kunstgewerblergruppe um Lajos Kozma belebt. Lajos Kozma spielte in der modernen Architektur und der Umweltgestaltung eine sehr bedeutende Rolle, und seine Gruppe ließ sich in ihrem Schaffen von den modernen künstlerischen Richtungen (in erster Linie vom Wiener „Art Deco") und von der modern interpretierten volkstümlichen Tradition inspirieren.

Zu dieser jungen Kunstgewerblergarde gehörte auch Margit Kovács, deren damals entstandene Werke — Gefäße, Ziergegenstände, Vasen, Kerzenständer und Lampen — von immer tieferer Materialkenntnis und rustikaler Art zeugen. Die Künstlerin verwendete damals eine weiche, samtartige, ebenfalls aus Wien stammende leichtflüssige Glasur. Die Formenwelt dieser Arbeiten war — entsprechend den Erfordernissen der damaligen Wohnungseinrichtung — allen fortschrittlichen Kunstgewerblern gemeinsam. Auch die Farbharmonie und die Vorliebe für figurale Verzierung erinnern an die Wiener Werkstätte wie an das Vermächtnis Hertha Buchers. Bei der 398. Gruppenausstellung des „Nemzeti Szalon" im Juni 1928 hat Margit Kovács „eine schwarzgelbe Tasse, eine blaue Vase mit gelben Weintrauben, eine blaue Vase mit figuralen Reliefs, einen Kerzenleuchter mit blauem Griff und eine blaue Schale mit Relief" ausgestellt. Das Blau gehörte zu ihren Lieblingsfarben, seine Nuancen reichen vom Tiefblau bis zum am häufigsten verwendeten Türkis, meist mit der Komplementärfarbe Gelb ergänzt. Die Wiener weiße, sahneartige Glasur belebte sie durch farbige, oft rotlila

Flecken. Diese Glasur und die etwas „ineinanderfließende" Art geben ihren Werken den vollkommen regelmäßigen Fabrikprodukten gegenüber die Stimmung moderner Unvollendetheit, der Rückkehr zu uralter, primitiver Technik, das Zufällige eines idividuellen Kunstwerks und den rustikalen Charakter. So verkörpern sich in diesen Keramiken die Theorie Ruskins und das Ergebnis der Experimente der französischen Keramiker.

Ebenfalls auf den Einfluß Hertha Buchers ist es zurückzuführen, daß scheinbar unbeholfene, in Wirklichkeit aber kraftvolle Tierplastiken Bedeutung erlangen. Auf der bereits erwähnten Ausstellung hat Margit Kovács vier solcher Stücke vorgestellt: „Vase mit Hirschen", „Kerzenleuchter mit drei Tieren", „Dreifacher Kerzenleuchter mit zwei Tieren", „Kerzenleuchter in Form einer Ente". Die menschliche Gestalt, das Hauptthema ihrer reifen Periode, kommt schon damals als Relief oder als plastische Figur vor („Blaue Vase mit figuralen Reliefs", „Obstschale haltende Figur", „Flötenspieler").

Der ebenfalls im Jahrgang 1929 der Zeitschrift *Magyar Iparművészet* beschriebene „Dreifache Kerzenleuchter mit zwei Tieren" weist schon, obwohl er noch den Wiener Einfluß verrät, auf ihre spätere Art des Dekors hin[26], zeugt aber gleichzeitig auch von ungarischem Einfluß. Der massive, handgeformte Kerzenleuchter mit seiner leichtflüssigen Glasur entspricht einer beliebten Form von Schmuckkeramiken des „Art Deco". Zwischen den zwei bogenförmig gehaltenen Leuchterarmen sind zwei sich umblickende Hirsche übereinander placiert, die in ihrer stilisierten, rankenförmig verschlungenen Linienführung auch die Inspiration durch ungarische Taschendeckplatten des 9.–10. Jahrhunderts bewahren. Diese beiden Hirsche, eine Variation übereinandergestellter Tierkompositionen der Wiener Schule, lassen zum ersten Mal die eigentümliche Gestaltungskunst der phantasievollen Künstlerin erkennen. Einer in die Richtung der Tektonik weiterentwickelten Variante dieser Idee begegnet man an den Tierplastiken, die István Gádor um 1926 angefertigt hat. Entsprechend ihrem dekorativen Interesse stilisierte Margit Kovács ihre Figuren unter dem Einfluß der uralten ungarischen und darüber hinaus der persischen (sassanidischen) ornamentalen Auffassung. So nimmt je nach Neigung und Temperament des Künstlers ein und dieselbe Stilbestrebung gleichzeitig verschiedene Formen an.

Ein weiteres ausgestelltes Werk, eine Wandfliese mit der Darstellung einer knienden Frau, das in der Kunst Margit Kovács' am weitesten in die Zukunft weist, steht mit seiner einfachen Modellierung der Münchener Schule nahe.

Das religiöse Pathos ihres Münchener Meisters Karl Killer hat die Phantasie Margit Kovács' zeitlebens beeinflußt. Seine bedeutende Hinterlassenschaft, das einzigartig reiche religiöse Œuvre, findet seinen Niederschlag, vermittelt über die sensible Auffassungsgabe der Künstlerin, in einem individuellen Schatz von Erlebnissen, Formen und Motiven. Diese Werke sind Bekenntnisse einer bekehrten Seele, denn auch Margit Kovács blieb von der allgemeinen Kon-

version der späten zwanziger Jahre nicht unberührt. Die für ihr Kind zitternde, sich in Schmerz windende oder in der Glorie der Mutterschaft verklärte Heilige Jungfrau, der drachentötende Sankt Georg, Apostel und andere Heilige — die in wechselnder Bedeutung ihr ganzes Lebenswerk durchzogen — zeigen, wie wenig es sich bei ihr um eine bloße Mode handelte und wie tief sie das Dramatische in den biblischen Geschichten erfaßte, wie sehr sie schließlich im religiösen Thema ihre eigenen Probleme und Gefühle erlebte. Die Schülerin, die in Killer ihren Meister sah, hat ihn mit diesem Erstlingswerk bereits übertroffen. Sie schuf mehr und Neues: In der in Ungarn katastrophalen gesellschaftlichen und wirtschaftlichen Krise folgte sie dem Lebensgefühl und dem individuellen Instinkt ihrer emporstrebenden Generation und fand zurück zur bereits vergessenen Andacht, in ihren späteren Werken zur barocken Pracht und der zeitlosen Würde von Byzanz. Sie machte sich eine poetische Ausdrucksweise zu eigen, für die das bunte, gedrängte, glanzvolle Dekor, eine nervöse, empfindliche, wellenförmige Linienführung, ein neuer Rhythmus, neue Symbole sowie eine neue Mystik charakteristisch sind.

Die Zeit bis zur ersten Ausstellung aller Werke der Künstlerin im Jahre 1935 stellt eine Epoche des Reifens dar. Ab 1929 sind die Reliefs vorherrschend, Rundplastiken erscheinen in ihrem Œuvre seit 1931. Diese Jahre sind dem Lernen, dem ununterbrochenen Experimentieren gewidmet: Margit Kovács forscht nach den verschiedenen Möglichkeiten künstlerischer Ausdrucksweise sowie der Glasuren, Techniken und Modellierungen. Sie verweilt nicht lange bei den einzelnen Verfahren, sie geht systematisch vor und versucht alles, erforscht die Tiefenwirkung der Plastik und die Kontraste bei Licht und Schatten. Einige ihrer damals entstandenen Werke sind von einer beglückenden Feierlichkeit, so ein Hauptwerk ihrer Frühepoche, das sich in der Formensprache an die „Kniende Frau" anschließende, ebenfalls im Jahre 1929 entstandene „Paradies". Das bunt glasierte Relief erinnert an die Romanik. Den Mittelpunkt bildet die Hauptfigur der Szene, die sich den paradiesischen Apfelbaum hinaufwindende Schlange mit dem Teufelskopf, das Symbol der Sünde. In der Krone des Baumes sind die unter dem Gewicht des Schuldbewußtseins gebeugten, großköpfigen Gestalten Adams und Evas in verkürzten Proportionen dargestellt. Die Komposition ist gedrängt, als Symbole für das Paradies hat die Künstlerin noch links einen Vogel und rechts einen Hirsch hinzugefügt.

Aus dieser Zeit stammt auch ein anderes frühes Hauptwerk, das ebenfalls gedrängt komponierte Terrakottarelief „Kain und Abel". Im Vordergrund des Reliefs hält Kain ein Lamm. Ihm gegenüber kniet Abel. Die kraftvolle Wirkung der unregelmäßigen Modellierung wird dadurch gesteigert, daß die Künstlerin keine Glasur verwendet hat und die Licht- und Schattenkontraste, die plastischen Werte des Reliefs auf diese Weise besser zur Geltung kommen.

1929 modellierte sie „Jakobs Traum" in Hochrelief, auf dem sie den Titel und das Entstehungsjahr vermerkte. In der Mitte des kleinen Reliefs sitzt Jakob, links deutet ein posaunenblasender fliegender Engel auf die biblische Szene hin. An der rechten Seite der Komposition wird durch einen Baum der landschaftliche Hintergrund angedeutet. Die Reihe der religiösen Terrakottareliefs setzt die Künstlerin mit einem ebenfalls um 1929 entstandenen, „MARIA" überschriebenen Relief fort („Maria mit zwei Klageweibern"). Mit den „Klageweibern" taucht ein der Kunst Margit Kovács' eigenes, oft wiederkehrendes Thema auf.

Unter ihren Werken finden sich in den dreißiger Jahren am häufigsten biblische Themen. In der Kunst Mitteleuropas meldete sich infolge des Krieges und der niedergeschlagenen Revolution das religiöse Thema „als soziales und psychologisches Symbol". In Ungarn wandten sich nicht nur die zur konservativen Richtung gehörenden akademischen Künstler, sondern auch die fortschrittlich gesinnten Maler religiösen Themen zu. In der mystischen Deutung der sich hinter den Erscheinungen verbergenden Wirklichkeit gingen die deutschen Meister voran. So Beckmann mit seiner „Kreuzabnahme" oder Erich Haekkel mit seiner „Madonna", Lyonel Feininger mit seiner „Kathedrale" — alle künstlerische Proteste gegen die Greuel des Krieges. Die theoretischen Grundlagen dieser Richtung legte Egon Hoffmann fest, der es als Aufgabe des modernen Künstlers betrachtete, „...in seiner Wirkung und seinem Bestreben wie ein Prophet zu sein". Die Kunsttheoretiker dieser Zeit entdeckten als Quellen der künstlerischen Gestaltung die primitive Kunst zusammen mit der altchristlichen und gotischen sakralen Kunst, die dem „Fortschritt in Richtung auf eine zukünftige geistige Gemeinschaft dienen kann"[27]. Margit Kovács schloß sich in München instinktiv dieser expressionistischen Strömung an und blieb diesen Prinzipien im Grunde genommen auch dann noch treu, als nach dem zweiten Weltkrieg andere Tendenzen die Oberhand gewannen.

Von Margit Kovács auf Ungarn übertragen, hat die transzendente Religiosität des deutschen Expressionismus zu handfesteren, nüchterneren künstlerischen Lösungen und zu ruhigeren Formen geführt. Ebenfalls zu den Grundzügen des expressionistischen Stils gehört die Erneuerung der Logik und anderer Formengesetze der primitiven Kunst, die Margit Kovács mit der ungarischen Volkskunst verband.

Endre Farkas schreibt im Jahrgang 1929 der Zeitschrift *Magyar Iparművészet* zu dieser neuen Tendenz: „In der heutigen Kunst ist die primitive Form ein seelisches Bedürfnis, Treue zum Menschlichen, zur Erde, zur Vergangenheit. Es ist eine sehnsuchtsvolle Flucht vor der kalten Schönheit der Technik. Im Laufe der Zeit haben wir den Boden unter den Füßen verloren, Flugzeug, Radio und ihre Bedeutung halten uns vor Augen, mit welcher Geschwindigkeit wir uns der Natur entfremden, aber die neue Form, das Primitive, das noch von menschlichem Verstand und Menschenliebe zeugt, beugt dem völligen Aussterben des Seelischen vor."[28]

Zu Beginn ihrer Laufbahn hat Margit Kovács hauptsächlich auf ihre innere Stimme gehört. Künstlerische Tendenzen regten sie nur dazu an, ihre eigene Welt zum Ausdruck zu bringen. Ihre Formen wurden markanter, ihre Farben weicher, ihre Glasuren samtartig. Im Verhältnis der Thematik zur Form spielte schon damals bei Margit Kovács das Thema die bevorzugte Rolle. Die künstlerische Entwicklung ging bei ihr gerade in entgegengesetzter Richtung als der deutsche Expressionismus, nämlich auf formale Geschlossenheit hin, statt auf endgültige Auflösung. Was ihre Werke von den Schöpfungen ihrer Zeitgenossen am meisten unterschied, war der Stimmungsgehalt: dieser ist zwar leidenschaftlich gesteigert und verrät auch die aufgeregte Spannung des Entstehens; die Komposition ist dicht gedrängt, die Licht- und Schattenkontraste sind bewegt — der Grundton der Werke aber ist elegisch und erhaben, selbst wenn es sich nicht um ausgesprochen religiöse Themen handelt, sondern zum Beispiel Arbeit dargestellt wird.

Dieses Goldene Zeitalter der Kunst dämmert in Verbindung mit neuklassizistischen Formen in Europa nach dem ersten Weltkrieg herauf. Seine Erscheinungsformen zeigen aber in den einzelnen Ländern große Abweichungen. Damals malte Picasso seine mächtigen, antike Statuen nachahmenden Frauengestalten. Auch die deutschen Expressionisten waren davon betroffen. In der ungarischen Kunst erschien diese Richtung in Gestalt idealer Idyllik und religiöser Metaphorik.

Gegen Ende der zwanziger Jahre hatten Chirico und Carrà in Italien das Programm „Valori plastici" verkündet. Die sogenannte Römische Schule, eine Gruppe ungarischer Künstler, die sich in Italien weitergebildet hatten, übertrug das auf Ungarn und vermischte so in der bildenden Kunst idyllisches Pathos mit ungarischer Tradition. Im Kunstgewerbe dieser Zeit verwandelte sich diese Stimmung zu süßlichem Pathos und Idyllik.

Auf den Kunstgewerbeausstellungen spielten Genrefiguren die größte Rolle.

Den ungarischen Modernismus im Kunstgewerbe vertraten in den Entwicklungsjahren Margit Kovács' die Schüler der Jaschik-Schule, in der Keramik aber in erster Linie István Gádor und Géza Gorka. Die ungarischen Keramikfabriken, Herend und Zsolnay, waren in ihrer Entwicklung zurückgeblieben, über ihr Niveau schrieb die Presse: „Man sieht nichts, was den künstlerischen Erfordernissen der Zeit entspräche, und das ausschließliche Kopieren alter Produkte läßt darauf schließen, daß unsere heutigen Kunstgewerbler nicht fähig sind, gutes Porzellan zu entwerfen."[29]

Und doch war in diesen Jahren der große Epochenwechsel der konstruktivistischen Richtungen bereits vor sich gegangen. Die frischen Impulse aus dem Kreis um Lajos Kassák befruchteten in Ungarn nicht nur die bildenden, sondern auch die angewandten Künste.

Im Wirrsal der Avantgarde-Bewegungen kamen zahlreiche neue Bestrebungen ans Tageslicht, die die Kunst unserer Tage begründeten. Die Generation der „Ismen" hat in ihrer Kunst das Fragmentarische absolut und die Teilelemente selbständig gemacht. Mit Piet Mondrian führte die Analyse zur plastischen Zeichenabstraktion der Gruppe „De Stijl". Aber die gleichen Avantgarde-Bestrebungen leiten im ersten Drittel des Jahrhunderts die Synthese innerhalb der in die Zukunft weisenden Bauhaus-Richtung ein, gehen also vom Zerstörenden zum Konstruktiven über. Im Manifest der Bewegung „De Stijl" im Jahre 1923, zu Beginn der wirtschaftlichen Konsolidierung, wird festgestellt: „Die Zeit der Zerstörung ist zu Ende. Eine neue Zeit beginnt: die Zeit des Aufbaus"[30]. Die künstlerische Revolution der Avantgarde hat im Bereiche der bildenden Künste nur formal zu Teilergebnissen geführt, doch haben in den letzten dreißig bis vierzig Jahren die aus den Reihen der Avantgarde hervorgegangenen Künstler, Architekten, Graphiker, Designer, industrielle Formgestalter und Kunstgewerbler unser Weltbild vollkommen umgestaltet.

Avantgardistisch-konstruktivistischen Zügen begegnet man im Bereich der Keramik am Ende der zwanziger und zu Beginn der dreißiger Jahre in erster Linie bei István Gádor, in der formalen Gestaltung seiner Gefäße aber auch bei Géza Gorka. In einer Kritik über die Ausstellung des Kunstgewerbevereins im Jahre 1930 wird erwähnt[31], daß einzelne Ausstellungsstücke Géza Gorkas einen neuen Zug in seiner Kunst durchblicken lassen. Diese vereinfachte Linienführung ist im ungarischen Kunstgewerbe zusammen mit der neuartigen Stilisierung formaler und dekorativer volkstümlicher Motive seit ungefähr 1930 zu bemerken.

Margit Kovács hatte damals wenig Gemeinsames mit den Avantgarde-Richtungen; die Vereinfachung der Formen auf geometrische Elemente, in erster Linie auf Kegel, erscheint erst um 1934/35 eigenartig dekorativ gestaltet an ihren kleinen gedrehten Figuren.

Um 1930 bemühte sich Margit Kovács mit vielem Experimentieren um die Ausbildung einer eigenen Formensprache. Verschiedene Gefäße, Vasen, Kaffeeservice, Kerzenleuchter, glasierte und unglasierte Reliefs zeugen von ihrer Probierfreude. Sie experimentierte mit verschiedenen Varianten technischer Verfahren, auch mit ihren Terrakottareliefs, von denen der „Knabe mit Töpferscheibe" jetzt über dem Eingang zu dem ihr zu Ehren eingerichteten Museum in Szentendre angebracht wurde, in dem ihr ganzes Lebenswerk vereinigt ist. Das kleinformatige Hochrelief wird von der Gestalt des auf einer Bank sitzenden Töpferlehrlings — dem Symbol für die Künstlerin — ausgefüllt. Die Modellierung ist einfach und beschränkt sich auf das Wesentliche. Über dem Lehrling reihen sich auf einem Regal fertige Gefäße. Töpferwerkzeuge, halbfertige Krüge, ein an die Bank gelehnter Besen geben diesem trotz seiner Kleinheit monumentalen Werk den Charakter eines Genrebildes.

Sehr interessant ist die Art, wie Margit Kovács ihre Signatur und das Entstehungsjahr eines Werkes organisch in die Komposition einfügt; so auch auf diesem Relief, wo die Buchstaben K. M. fast symbolhaft der Komposition als Grundlage dienen, als ob die Scheibe auf ihnen ruhte.

Zu Beginn der dreißiger Jahre paßte sie die von Wien inspirierten Farben ihrem eigenen Temperament an und blieb bei hellen, türkis-gelb-weißen Glasuren. Diese Farbskala bestimmte im wesentlichen bis zum Tode ihre Werke.

Die Reihe ihrer Nischenreliefs wird um 1930 mit dem „Sankt Georg" eröffnet. Der Drachentöter Sankt Georg ist bei der Künstlerin ebenfalls ein wiederkehrendes Motiv. In der Kunst Margit Kovács' stellt er den Sieg des Reinen, das Symbol der Gerechtigkeit dar. Die Inspiration gab ihr die Formensprache der grobgehauenen Figuren romanischer Dome. Sie bewahrte das mittelalterliche Vorbild in den Proportionen ihrer Gestalten, manchmal übertrieb sie es sogar ein wenig. Sie modellierte große, charakteristische, traurige Bauernköpfe mit kleinem Rumpf und verhältnismäßig großen Gliedmaßen und erweckt so im Betrachter den Eindruck liebenswerter Unbeholfenheit und Einfalt.

Auf der Ausstellung des Kunstgewerbevereins im Jahre 1930[32] ist Margit Kovács mit handgeformten Gefäßen in Löwen- und Hahnenform, mit Figuren, mit einem vierarmigen Kerzenleuchter in Form eines Hirsches und einem zweiarmigen Kerzenleuchter vertreten. In der Modellierung folgen diese Tiere dem Vorbild Hertha Buchers, in der Technik aber den dünnflüssigen Glasuren der Wiener Werkstätte.

Farbenprächtige, glänzende Glasuren kennzeichnen ihre um 1931 entstandenen Hochreliefs, darunter ihr erstes Auftragswerk, ein auf Bestellung des Fremdenverkehrsbüros in Budapest angefertigtes Rundrelief, das den Fischfang, die Jagd, die Viehzucht und den Ackerbau darstellt. Das streng in sich geschlossene, symmetrisch angeordnete Relief besteht aus vier Teilen. Um die Gestalten ordnet die Künstlerin wie beim „Knaben mit Töpferscheibe" als raumfüllendes Element verschiedene Werkzeuge. Am Rande modelliert sie mit lateinischen Wörtern den Titel der Komposition: „PISCATUS, VENATUS, PECUARIA, AGRICULTURA BUDAPEST — KM 1931". Die Inschrift wird mit dem Wappen von Budapest ergänzt.

Bei den meisten ihrer Werke bedient sich Margit Kovács des dekorativen Wertes der Buchstaben, ihre Aufschriften gehören unzertrennlich zu ihren Werken. Die Buchstabentypen leitete sie vom Stimmungsgehalt der Komposition ab und schaffte neue Buchstabenformen, die ihre einzelnen Stilepochen kennzeichnen. In ihren Frühwerken bediente sie sich gut lesbarer Antiqua-Majuskeln in Hochplastik, wobei sie die Buchstabenformen etwas vereinfachte. Die Kritiker schenkten ihren Werken zu allen Zeiten große Aufmerksamkeit. Fast in jedem Jahr wurden sie in der Zeitschrift *Magyar Iparművészet* behandelt. Die

Künstlerin fand einen eigenen Käuferkreis, zu welchem seit 1930 auch der Staat gehört.

In der ersten Hälfte der dreißiger Jahre fertigte sie die meisten Gefäße an — auch Gebrauchsgegenstände, wie zum Beispiel Mokkaservice —, später aber gab sie das wieder auf. In den Jahren 1931 und 1932 tauchte in ihrer Kunst der Löwe als Schmuckelement auf. Auf einer Zierschüssel von 1931/32 malte sie dieses Tiermotiv noch auf rosarote gesprungene Glasur. Von 1935 ab aber verzichtete sie auch auf die Verwendung solcher Glasuren.

Auf der Sommerausstellung des Kunstgewerbevereins[33] stellte sie im Jahre 1931 zum ersten Mal eine Keramikstatuette aus. Diese zeigt eine Frau im Türkensitz, eine farbig glasierte Arbeit mit dem Titel: „Weibliche Figur mit einer Vase auf dem Kopf". Die plastische Modellierung setzt die Manier der „Knienden Frau" fort, nach ihrem Stimmungsgehalt gehört die Statuette zu den beliebten Genrefiguren aus dem ersten Drittel des Jahrhunderts. Die Farbgebung in gelb, weißlichgrau und braun ist lebhaft und heiter.

Zu Beginn der dreißiger Jahre wendete Margit Kovács ihre Aufmerksamkeit verstärkt der Figur zu. Ihre glasierten Kleinplastiken wurden in kurzer Zeit immer vollkommener. Am häufigsten modellierte sie Genrefiguren, wie z. B. den plumpen „Knaben im Nachthemd" mit seinem großen Kopf. Die Themen ihrer Genrefiguren sind neuartig, mit großer Liebe modellierte sie einfache Leute, meist Kinder. Sie sind gefällig und frisch geformt und erinnern an die Naivität romanischer Plastiken. Der Überzug besteht aus einer weißlichgrauen, dicken, sahneartigen Bleiglasur, wie sie Margit Kovács in ihrer frühen Schaffensperiode häufig benutzte.

Die weitere Entwicklung ihrer Glasurtechnik läßt sich an dem im Jahre 1931 modellierten Nischenrelief „Fischerjunge" weiter verfolgen. Auch bei diesem Werk experimentierte sie mit den Licht-Schatten-Effekten glänzender Glasuren am Hochrelief, auf gleiche Weise verfuhr sie mit dem im Jahre 1933 entstandenen Nischenrelief „Mädchen mit Ziege". Auf diesem farbenfrohen Relief wird mit dem braunen, glänzenden Grund die räumliche Tiefe hervorgehoben. Die Liebenswürdigkeit der modellierten Genreszene verrät heitere Lebensfreude.

Im Jahre 1932 unternahm die Künstlerin eine Studienreise nach Kopenhagen, angezogen von dem guten Ruf des Sohnes des Malers Gauguin, eines ausgezeichneten Keramikers und Bildhauers der königlich-dänischen Porzellanfabrik. Jean Gauguin wollte sie aber nicht unterrichten, deshalb schloß sie sich J. P. Willumeen an. Bei diesem arbeitete sie vier Monate. Jean Gauguin, der auch für die Fabrik in Sèvres arbeitete, empfahl ihr, für einige Monate nach Paris zu gehen. Auf seinen Rat hin fuhr Margit Kovács im Jahre 1933 nach Paris, wo zu jener Zeit mehrere ihrer Freunde lebten. Während ihres Pariser Aufenthaltes legte sie auch Photographien ihrer Arbeiten in der weltberühmten Porzellanfabrik von Sèvres vor. Diese weckten das Interesse des Direktors, der Margit Kovács für einige

Monate verpflichtete. In Sèvres lernte sie den Gebrauch von Schamotte kennen, deren härtere, schwerer formbare Masse sie dazu zwang, nach großzügigeren, geschlossenen Formen zu suchen.

In Sèvres entstand ihre erste Schamottefigur, das „Pausbäckige Mädchen" (1933/34), die sowohl im Material als auch in der Formgebung Zeichen des Neuen aufweist. In der einfachen, geschlossenen Komposition findet sich weder eine Spur von Wiener Gemütlichkeit noch von expressiver Modellierung. Trotz ihres kleinen Formats wirkt die Statuette monumental. Die Proportionen, die verhältnismäßig plumpen Hände und Füße, weisen auf die Formen der reifen Epoche Margit Kovács' hin, gleichen aber in den Körperproportionen auch den Frühwerken der Künstlerin. Im entwickelteren Stil des „Pausbäckigen Mädchens" schuf dann Margit Kovács wieder Ende der fünfziger Jahre.

In Paris fühlte sich die Künstlerin am stärksten von gotischen Kunstwerken angezogen, was auch Spuren in ihren Werken hinterließ. Die feine, energisch modellierte Gestalt des „Mädchens vor dem Spiegel" ist in die Länge gezogen wie die Heiligen gotischer Kathedralen. Die Oberfläche scheint zu vibrieren, weil die weißlichgraue, dicke Glasur durch die dunkleren Schatten in den Vertiefungen die Spuren der Modellierung hervorhebt. Der Formgebung und den Proportionen des „Mädchens vor dem Spiegel" entsprechen das aufwärts blickende, stupsnäsige Mädchen mit dem Zopf („Beim Kämmen"; 1933/34) und der um 1934 modellierte, fast lebensgroße „Lehrling". In den Genrefiguren setzt sich die intime Stimmung der Arbeitsdarstellungen Margit Kovács' fort, sie betonen die Freude an vertiefter, stiller Arbeit.

Dem „Lehrling" folgten bis 1945 zahlreiche Werke: eine Reihe von ergreifenden Genrebildern und Kompositionen biblischer Themen, von denen die langgestreckte „Schamhafte Maria" (um 1935) und die „Mutter mit Kind" (1935) bleibende Werte der ungarischen Keramik darstellen.

Aus Sèvres zurückgekehrt, bereitete sich die Künstlerin auf eine großangelegte Ausstellung ihrer Werke vor. Nach formal einfacher gestalteten Werken trat jetzt ihre Neigung zur Ornamentik in den Vordergrund, die sie einesteils aus dem damals modernen, ungarisch geprägten Motivschatz, andernteils aus dem der byzantinischen Goldschmiedekunst schöpfte.

Die Wendung zum Volk und das Suchen nach einem nationalen Stil ist eine Errungenschaft der Romantik. Diese Richtung diente in Ungarn nicht nur der Pflege patriotischer Gefühle, sondern darüber hinaus auch der Entwicklung der Industrie. Ziel des unter der Schirmherrschaft von Lajos Kossuth stehenden „Landesindustrie- und Schutzvereins" (1844–1847) und seines Nachfolgers, des Industrievereins, war es, die industrielle Rückständigkeit Ungarns innerhalb der Monarchie zu beheben. Diese Bewegung regte die Kunstgewerbler an, Werke nationalen Charakters zu schaffen. Die Schätze der einheimischen

Volkskunst waren aber damals noch unbekannt. In der zweiten Hälfte des 19. Jahrhunderts begann in Ungarn die systematische ethnographische Sammeltätigkeit. Die auf einen nationalen ungarischen Stil abzielenden kunstgewerblichen Bestrebungen wurden von der Kultur- und Industriepolitik des Staates tatkräftig unterstützt: „Was den ungarischen Stil anbelangt, so soll er einen Aufschwung nehmen."[34] Die Kunstgewerbeausstellung des Jahres 1885, noch mehr aber das ungarische Dorf der Millenniumsausstellung im Jahre 1896 gaben den nationalen Stilbestrebungen einen gewaltigen Auftrieb.

Das Kunstgewerbe des ungarischen Jugendstils bekam durch die neue Interpretation der nationalen Romantik eine spezielle Prägung. In ihm verschmolzen Motive aus sämtlichen Teilen des Landes. Ausgezeichnete ungarische Architekten dieser Zeit, vor allem Ödön Lechner, bedienten sich der Majoliken der Zsolnay-Fabrik in Pécs, um aus Elementen der ungarischen Volkskunst und der orientalischen, hauptsächlich indischen Ornamentik ein farbenprächtiges, romantisches Stilgemisch zustande zu bringen. Das kann man an den Hauptwerken dieser Stilrichtung, am Budapester Kunstgewerbemuseum und am Rathaus in Kecskemét, beobachten.

Ödön Lechner war bewußt bestrebt, einen nationalen Stil zu schaffen. Er meinte: „Es gibt einen ungarischen nationalen Stil, und er läßt sich auch deutlich erkennen. Das geübte Auge findet bald seine charakteristischen Züge heraus. Innerhalb der engen Grenzen, in denen das Volk seine bescheidenen Bedürfnisse befriedigt, hat sich die Formensprache wunderbar entwickelt und bis auf den heutigen Tag erhalten. Wir müssen diesen ungarischen Volksstil wie eine Sprache erlernen, wie wir auch den griechischen Volksstil erlernt haben. Wir müssen seine Regeln herausfinden, uns in seinen speziellen Ideengehalt vertiefen, um dereinst als Kulturmenschen den Sinn der Formen auf die größeren, entwickelteren, monumentalen architektonischen Aufgaben der heutigen Zeit übertragen zu können. Und von da auf die anderen Künste."[35] Die im Jahre 1902 in Gödöllő gegründete sezessionistische Künstlerkolonie setzte sich auch die Schaffung eines modernen nationalen Stils zum Ziel. Ihre Mitglieder vereinten zur Erneuerung des Kunstgewerbes ungarisch geprägte Motive mit kunstgewerblichen Bestrebungen aus England. Auch das Wiederaufleben der ungarischen Musik im 20. Jahrhundert nahm ihren Ausgang von der ungarischen Volksmusik. Béla Bartók meint dazu, daß die moderne Musik eine unschätzbare Anregung und Hilfe[36] durch die bis dahin völlig unbekannte Bauernmusik erfahren habe.[37] Und Kodály schreibt darüber: „Das ungarische Volkslied ist nicht nur ein Echo des heutigen ländlichen Lebens, sondern widerspiegelt die ungarische Seele. Wie in ein großes Sammelbecken sind jahrhundertelang alle Bäche des ungarischen Gefühlslebens zusammengeflossen, alle seelischen Erregungen des ungarischen Volkes haben von der Wiege an darin ihre Spuren hinterlassen: Denn man muß als unzweifelhaft annehmen, daß das

ungarische Lied und die ungarische Sprache gleichaltrig sind."[38]

In der zweiten Hälfte der zwanziger Jahre lebte in der bildenden Kunst das Bestreben wieder auf, einen nationalen Stil zu schaffen; auch die offizielle Regierungspolitik unterstützte diesen chauvinistischen Zug der nationalen Bestrebung. Bei den besten Architekten und Kunstgewerblern der Zeit nahm aber dieser Zug einen nationalen Charakter mit fortschrittlichen Absichten an, und der ungarische Motivschatz wurde bewußt ausgebaut. Zwei Werke von István Gróh, *Magyar díszítőművészet* (Ungarische Kunst der Ornamentik) und *Új magyar díszítések* (Neue ungarische Motive), erschienen im Jahre 1929 und gaben den Forschern große Anregungen. Bis 1944 verstärkte sich diese Tendenz immer mehr, doch mit der Ausbreitung der faschistischen Ideologie im Lande wurde sie immer reaktionärer. 1942 stellte Industrieminister J. Varga bei der Eröffnung der Ungarischen Keramikausstellung fest: „Ungarische Industrie und Kunst können nichts anderes sein als ungarisch... Diesen Geist zu stärken und zu entwickeln, ist unsere vordringliche Aufgabe. Keramik ist aus ungarischer Erde geformte Geschichte...[39] Es ist heute Aufgabe des ungarischen Keramikers, in jedes Haus, in jede ungarische Seele die Ehrfurcht vor der Vergangenheit, die Begeisterung für uralte Formen, Farben und Motive einzupflanzen und zu verkünden, daß unsere tausendjährige Vergangenheit das Schicksal Ungarns sichert."[40]

Im Bereich der Keramik vertraten seit 1874 die Produkte der Fabrik Zsolnay in Pécs am bewußtesten die nationalen Stilbestrebungen. Nach diesen bahnbrechenden Initiativen schafft in unserem Jahrhundert István Gádor, zusammen mit Géza Gorka und Margit Kovács, eine mit Hilfe volkstümlicher Quellen erneuerte, moderne ungarische Keramik. In ihrer Tätigkeit ist das Bestreben nach nationalem Charakter eine aufrichtige, auch durch das zeitgenössische Kunstgewerbe inspirierte Tendenz, deren Entwicklung durch die ungarische Wirklichkeit der zwanziger Jahre bedeutend gefördert worden ist: Auf dem Boden dieser Wirklichkeit entfaltete sich in der ungarischen Literatur seit den dreißiger Jahren die grundlegend fortschrittliche, teilweise stark progressiv gerichtete Bewegung der volkstümlichen Schriftsteller, in der Musik die Tätigkeit Bartóks und Kodálys. István Gádor wandte sich gegen Ende der zwanziger Jahre der Volkskunst zu, um sich von ihr inspirieren zu lassen. Seinen Motiv- und Formenschatz, den er seinen Beobachtungen des ungarischen Volkes entnommen hat, verarbeitete er auf seinen Fliesen zu Darstellungen des Volkslebens. Die charakteristischen Kennzeichen der ungarischen Volkstracht verwandelte er in Schmuckelemente und erfaßte in seinen streng flächenhaft gehaltenen Darstellungen das Wesentliche.

Géza Gorka, die andere führende Persönlichkeit der modernen ungarischen Keramik, hatte seine Ausbildung bei einem Dorftöpfer, Balázs Badár von Mezőtúr, erhalten. Nach Beendigung seiner Studien im Ausland kehrte er im Jahre 1922 in seine Heimat zurück. Neben der lebendigen volkstümlichen Töpferei studierte er die alten Techniken, die alten Formen und Schmuckelemente, in erster Linie die Werke der Habaner, unter deren Einfluß er seine Werke formte und dekorierte. Sein Stil vereinte die Volkskunst, Farben und Ornamente der Habaner mit modernen Formen und Glasuren.

Margit Kovács fühlte sich anfangs von den ungarischen Holzschnitzereien und Lebkuchenformen angezogen. Die vielen Variationen der volkstümlichen Ornamentik — Blumen, Vögel, Fische und Figuren — gaben ihrer Phantasie neue Anregungen. Der strukturelle Aufbau wurde zwar beibehalten, aber die charakteristischen Elemente erfuhren eine Umgestaltung in anderer Gruppierung und reicherer, wogenderer Linienführung.

Ihre ersten von der Volkskunst inspirierten Werke sind Feldflaschen, Vasen und einige auf der Töpferscheibe gedrehte, kleine Figuren[41]. Die Form ihrer Vasen ist einfach und weist auf volkstümliche Formen hin. Das Dekor — Vogel- und Blumenmotive — ist eingeritzt oder mit Tonröllchen aufgelegt. Auch das gemalte Dekor, ein Pfau mit ausgebreitetem Gefieder, erscheint auf einem krugförmigen Kerzenleuchter. In der Ornamentik der Feldflaschen erschienen aber — sehr charakteristisch für Margit Kovács — auch der ungarischen Volkskunst fremde Motive, zum Beispiel der bei ihr so beliebte stilisierte Löwe. Auf dem Kopf trägt er eine Krone, sein zottiger Schwanz ragt in der Art der von mittelalterlichen Steinskulpturen und Miniaturen inspirierten Kompositionsmethode im Bogen in die Höhe, er füllt die ganze Oberfläche, die Krone gleicht wiegenden Blumenzweigen. Auf einer anderen Feldflasche lagert ein Betyár (Strauchdieb) mit seinem steppengrasgeschmückten Hut am Boden und hält sein Gewehr im Schoß. Gleich zu Beginn dieser Schaffensperiode bildet Margit Kovács die Elemente der Volkskunst um. Sie übernimmt nicht den gebundenen Rhythmus und die symmetrische Struktur, sondern gibt den Motiven einen modernen, asymmetrischen Rhythmus. Von den Holzschnitzereien übernimmt sie die Technik, die Art zu konstruieren und zusammenzufassen und macht in den späteren Perioden ihrer Tätigkeit wiederholt davon Gebrauch. Sie bedient sich zwar der Symmetrie, mildert aber eine gewisse Starrheit durch kleine Veränderungen. Die Volkskunst erregt in ihr die Lust zur Improvisation, zum Spielerischen — adäquater Ausdruck ihrer Gemütswelt in ihren späteren Werken.

Die ersten unbeholfenen, auf der Töpferscheibe gedrehten Figuren stellen Mädchen in zackig verzierten Volkstrachten dar, deren groteske Bewegungen und naive Kopfformen den fernen Einfluß der Negerplastik verraten. Die gedrehten kleinen Tierfiguren, sitzende Stiere und Esel mit großen Köpfen, tragen in ihrer niedlichen Plumpheit — im Gegensatz zu den Menschenfiguren — bereits das unnachahmliche Handzeichen der Künstlerin. An einer gedrungen geformten Henkelvase erscheint auch eine Taube mit ausgebreiteten Flügeln, ein beliebtes Motiv der nach 1945 entstandenen Werke Margit Kovács'.

Ihre hochfliegende Phantasie wurde außer von der ungarischen Volkskunst auch von der Dekorativität der mittelalterlichen persischen Kunst angeregt. Unter dem Eindruck der byzantinischen Ikonen entwickelte sie die charakteristische Ornamentik ihrer Wandbilder und Figuren. Die Glorienscheine ihrer Heiligen, die Kronen ihrer Könige, die Ränder ihrer prächtigen Kleider verzierte sie mit glänzenden blauen, gelben und roten Tupfen, die an den Glanz der Edelsteine an den Ikonen und an märchenhafte Pracht erinnern.

Margit Kovács nahm an allen kunstgewerblichen Ausstellungen teil, wo ihre Arbeiten immer größere Anerkennung fanden. Im Jahre 1933 wurde ihr in jungen Jahren auch internationale Anerkennung zuteil, sie erhielt auf der IV. Triennale in Mailand eine Silbermedaille.

Mit der ersten retrospektiven Ausstellung im Jahre 1935 ist die erste Schaffensperiode, die Zeit des Lernens und der Orientierung, beendet. Ihre Themen sind damals bereits ausgearbeitet, die Künstlerin beherrscht ihre Mittel. Durch Erneuerung der einfachsten Methoden des Töpferhandwerks und deren individuelle Verwendung ist sie fähig, anspruchsvollste Werke an der Grenze von bildender und angewandter Kunst zu schaffen. Die einfachen Techniken des Dorftöpfers — der Gebrauch der Drehscheibe, das Malen mit Tonglasur, das sogenannte Engobieren, der Gebrauch von Blei- und Deckglasuren, das Einritzen in den harten Ton (das Margit Kovács „Einkratzen"[42] nennt) — und verschiedene Arten des Modellierens werden von ihr eigenartig und originell angewandt. Der Kritiker der Zeitschrift *Magyarország* stellt zur Ausstellung von 1935 fest: „Diese junge Künstlerin ist eine ausgezeichnete Meisterin der Töpferei, sie gehört zu unseren hervorragendsten modernen Keramikern…"[43]

Ihre farbigen Keramikbilder bewegen sich schon damals „an der Grenze zwischen Malerei und Modellierung". „Mit sicherem Gefühl und unnachahmlichem Geschmack ahmt sie den Stil alter Zeiten nach, so die primitiven Reliefs der Romanik oder die Erzeugnisse der volkstümlichen Keramik. Jede ihrer Arbeiten ist ein Kunstwerk" — summiert der oben erwähnte Kritiker sein Urteil.[44]

Unter ihren Werken überwiegen die religiösen Themen, auch ihre Gefäße schmückt sie mit biblischen Szenen. Ihre im Jahre 1935 entstandene „Verkündigung I" ist eine türkisblau glasierte kleine Kachel mit durchbrochenem Rahmen, die in sich die Darstellungsweise gotischer Reliefs mit den Blumenornamenten und den technischen Mitteln ungarischer Holzschnitzereien vereint. Auch der künstlerische Wert ihrer kleineren Figuren wird von der Kritik gewürdigt; es wird hervorgehoben, daß „sie ebenso als Bildhauerin bedeutend ist, was besonders an einigen kleineren Figuren beurteilt werden kann, deren Bewegung beispielgebend lebendig ist und bei aller Bewegtheit doch die Grenzen der Bildhauerei nicht überschreitet".[45]

Seit dem Ende der zwanziger Jahre haben sich in der ungarischen Kunst religiöse und historische Themen allmählich ausgebreitet. Gleichzeitig mit der neuklassizistischen historischen Wandmalerei rief eine ähnliche Entwicklung den monumentalen Keramikstil von Margit Kovács ins Leben, der aber nichts von den Bestrebungen der italienischen Novecentisten übernommen hat. Zunächst kombinierte sie spielerisch die farbenfreudige, dekorative Welt gotischer und persischer Miniaturen sowie byzantinischer Mosaiken einerseits und die das ungarische Barock heraufbeschwörende Welt der Künstler um Lajos Kozma und die Technik der Hirtenschnitzereien andererseits mit dem durch das Thema gebotenen Stimmungsgehalt. In der Linienführung, der Bearbeitung der Gesichter und Hände vibriert die Empfindsamkeit des modernen Menschen; manchmal bewahrt groteskes Karikieren ihre Werke vor süßlichem Sentimentalismus.

Nach der Ausstellung von 1935 entwickelte sich die Kunst Margit Kovács' in der Richtung monumentaler Dekorativität weiter. Sie setzte die Reihe ihrer Nischenreliefs in Hochrelief fort, so im kleinen „Sankt Florian", den sie 1935 für das Haus von Gyula Kaesz in Szentendre formte.

Im Zuge der vorübergehenden wirtschaftlichen Konjunktur der dreißiger Jahre begann die Bautätigkeit enorm anzuwachsen und bot den ungarischen Künstlern immer mehr Arbeitsgelegenheiten. Für die reiche Phantasie und Fabulierlust Margit Kovács' bedeuteten diese baukeramischen Aufträge einen neuen Aufgabenkreis. Es handelt sich im allgemeinen um kleine Reliefs oder Wandbilder, die nachträglich außen an Gebäuden als Verzierungen, in Vorhallen Budapester Mietshäuser oder in Interieurs auf Kaminen angebracht wurden. Solchen Aufträgen kam sie vom Jahre 1932 ab bis zur Befreiung nach. Auch die römisch-katholische Kirche übertrug ihr größere Aufträge.

Für ihre damalige Auffassung und Kompositionsweise ist das Wandbild „Die Geschichte der Post" kennzeichnend, das 1937 entstand und die Geschichte der Post illustriert.[46] Die Figuren sind darauf übereinander angeordnet und wirken wie ausgeschnitten. Die kleinen, genrehaften Szenen werden durch den Rhythmus des Ganzen zusammengehalten, die Gemütslage der Figuren offenbart sich in ihren Bewegungen. Die Perspektive wird, wie bei den persischen Miniaturen oder den ägyptischen Wandbildern, durch Übereinandersetzen der einzelnen Szenen erreicht. Die Darstellung ist auf diese Weise vollkommen flächenhaft. Das Vermischen verschiedener Elemente weist auf die Montagetechnik avantgardistischer Stilbewegungen hin. Ganz grotesk wirkt zum Beispiel der über dem Flugzeug auf den Telegraphenmast zufliegende, byzantinisch anmutende Engel im langen Gewand.

Auf einem anderen, ebenfalls im Jahre 1937 entstandenen Wandbild mit dem Titel „Achten wir die Frauen"[47] wird eine eigenartige Stimmung dadurch hervorgerufen, daß die Figuren in der Art spätgotischer Miniaturen mit Ornamenten ungarischer Hirtenschnitzereien ergänzt sind.

Für den Budapester Saal der Pariser Weltausstellung vom Jahre 1937 schuf die Künstlerin nach der gleichen Konzeption ein Wandbild, wofür sie ein anerkennendes Diplom erhielt. Thema und Titel des mit farbiger Glasur gemalten Wandbildes sind: „Budapest, die Königin der Donau". Das sehr dekorative Werk ist in U-Form komponiert. In der Mitte befinden sich eine Budapest darstellende gekrönte Frauengestalt sowie figurale Darstellungen, welche Handwerk und Wissenschaft symbolisieren. An den beiden Längsseiten verewigte die Künstlerin lokale und geschichtliche Sehenswürdigkeiten der Stadt. Als flächenfüllendes Element sind ungarische Pflanzenornamente dazugefügt.

Straffer und monumentaler komponiert sind ihre byzantinisch beeinflußten Wandbilder, so zum Beispiel das Werk mit der Überschrift: Markus–Lukas (1938). Aus dem dunklen Hintergrund leuchten nur die bunten Fliesen des Fußbodens und die Kleider und Glorienscheine der beiden sich gegenüberstehenden Apostel in hellem Schein hervor. Damals experimentierte sie zum ersten Mal mit dem Einbetten in Zement und nutzte den Gegensatz verschiedener Oberflächentexturen zu dekorativen Zwecken. Ihr Streben nach Monumentalität ließ sie diese freskenhaften Bilder schaffen. Diese Serie stellt das Ergebnis einer Versuchsperiode im anspruchsvollen Stil dekorativer Wandkeramik dar. Schon bei der Wahl der Vorbilder ging die Künstlerin eigene Wege, denn auf die byzantinische Kunst als Quelle der Inspiration griff zu dieser Zeit niemand zurück.

Das in Zement eingebettete, im Jahre 1938 entstandene „Abendmahl" hat die Form eines länglichen Rechtecks, der Holzrahmen ist mit Ornamenten geschmückt. Die Komposition ist auf großzügige Art in sich geschlossen und im Gegensatz zum Wandbild „Budapest, die Königin der Donau" und dessen mosaikartigen Charakter streng symmetrisch. Auf dem Bild harmonieren dunkle Farben. Die Komposition wird durch die Horizontalen des Tisches und der Bänke in vier Felder geteilt. Das oberste Feld ist das größte und wird noch durch ein Tympanon betont. Darunter sitzt die Hauptfigur Jesus mit den Aposteln Andreas und Johannes, während die untere Reihe vier Jünger bevölkern. Auf dem Tisch sieht man als Symbol der Eucharistie einen geometrisch stilisierten Fisch, Brot und einen Kelch. In den Ecken des Tympanons hat die Künstlerin als flächenfüllende Elemente je einen Seraphenkopf in byzantinischem Stil placiert. Die Szene zeichnet eine fast ernste Feierlichkeit aus. Die Gesichter sind aber modern gestaltet, ihre Proportionen und ihre Formgebung schon charakteristisch für Margit Kovács. Den Kritikern fiel ihr eigenständiger Stil auf: „Die Künstlerin schuf sich einen einzigartigen Stil, der eine Mischung aus Byzantinischem und Primitivem darstellt." Dieser Kritiker meint, ihre Werke seien „auf der Suche nach Neuem und noch im Werden begriffen", die Künstlerin sei „eines der vielversprechendsten Talente der ungarischen Keramikkunst".[48]

Das reifste unter ihren byzantinisch beeinflußten Werken — alle besonders wertvolle Schöpfungen der modernen ungarischen Keramik — ist die ebenfalls im Jahre 1938 entstandene, andachtsvolle und zarte „Verkündigung II". In einem angedeuteten gewölbten Saal mit Fliesenboden sitzt Maria auf einem Thron; zart, in byzantinischem Festgewand und Mantel, begrüßt sie mit einer leichten Neigung ihres Kopfes den vor ihr knienden, die Botschaft bringenden Engel. Die kalligraphisch reine Zeichnung ist in den Ton graviert. Am Gewand der Maria erscheint bereits die seither von Margit Kovács am meisten gepflegte Art, Figuren zu verzieren: Punktreihen, ein Diagonalgitter mit den stilisierten farbigen Tulpen der ungarischen Ornamentik, die mit ihrer glänzenden Glasur die bunte Pracht des Gewandes verdeutlichen. Die Gesichter sind mit ihren dünnen Brauen, stilisierten Mündern, in die Ferne blickenden, tiefgründigen Augen empfindsam und modern. Die Proportionen folgen den gotischen Vorbildern: langgestreckte, körperlose Figuren, mit denen die Künstlerin den religiösen Charakter ihres biblischen Themas unterstreicht. Im allgemeinen verwendete sie matte Engobe, die Gesichter sind etwas dunkel gehalten, die betonten ornamentalen Teile werden durch Weiß hervorgehoben. Der Faltenwurf der Gewänder wird mittels Engobieren schattiert oder eingeritzt.

Die „Verkündigung II" des Jahres 1938 deutete schon an, daß sich die Künstlerin stärker dem ungarischen Ornamentenschatz zuwandte. Sándor Mihalik konnte noch im Jahre 1937 in seiner Kritik schreiben, daß „ungarische Bestrebungen bei ihr erst vereinzelt auftauchen"[49], obwohl das von einem ungarischen Volkslied inspirierte gemalte Wandbild „Braunkehlchen" (1937) bereits die Richtung ihrer Entwicklung angezeigt hatte. Was sie im Jahre 1938 schuf — sowohl die Wandbilder als auch die Rundplastiken —, zeugt von einem Verstärken des betont ungarischen Charakters in ihrer Kunst.

Ihr großer „Zierofen" für die erste Landesausstellung für Kunstgewerbe des Jahres 1938 weist diesen betont ungarischen Charakter erst noch in der Themenwahl auf. Dieser künstlerische Nachkomme der berühmten Prunköfen des Mittelalters erntete großen Beifall und wurde mit der Goldmedaille von Budapest, auf der VI. Triennale 1939 in Mailand mit einer Silbermedaille ausgezeichnet und dort auch verkauft. Der Ofen ist aus figuralen Terrakottakacheln mit eingravierten Zeichnungen und farbiger Engobe aufgebaut. Das Thema der Darstellungen ist der ungarischen Geschichte entnommen. Die Kachelbilder stellen unter dem Einfluß mittelalterlicher Kodizes und persischer Miniaturen die charakteristischen Episoden dieser Geschichte in epischer Fülle dar. Mit diesem Ofen hat Margit Kovács den Höhepunkt ihres bisherigen Schaffens erreicht. Trotz der Bewegtheit der Einzelbilder bleibt der Gesamteindruck harmonisch, die Nischenreliefs und die Rundplastiken zeugen von virtuosem Können.

Im Dezember 1938 stellte sie mit Lajos Erdős und István Pekáry ihre Werke in der Tamás-Galerie in Budapest aus. Ihr wurde Anerkennung zuteil, man hielt sie für das „interessanteste Talent" unter den ungarischen Keramikern, weil ihre religiös durchgeistigten Werke jene Andacht ausströmen, die man sonst nur von den Werken alter Meister kennt. Die Figur des Sankt Georg, eine Ikone im byzantinischen Stil, „läßt die hochbegabte Schöpferin jener hervorragenden Sehenswürdigkeit der Kunstgewerbeausstellung, des gemalten Kachelofens, erkennen"[50]. Der Kritiker des Tageblattes Esti Kurír meint, Margit Kovács sei „im Bereich der keramischen Kunst führend". „Ihre Krüge und bauchigen Gefäße werden mit individuellen und originell ausgedachten Zierelementen geschmückt."[51]

In der zweiten Hälfte der dreißiger Jahre wandte sich ihre Aufmerksamkeit wieder der Rundplastik zu. Im Jahre 1936 modellierte sie ihren „Flötenspieler", ihr einziges auch in Porzellan ausgeführtes Werk.

Figuren in reichen Variationen gingen aus ihrer Hand hervor. In diesen verhältnismäßig kleinen, aber sehr anspruchsvollen keramischen Plastiken schuf Margit Kovács eine Synthese von Tradition und modernem Lebensgefühl: Ein hervorragendes Werk, die „Gugelhupfmadonna" (Bauernmadonna; 1938), entstand unter dem Eindruck des barocken Gnadenbildes von Mariazell.

Ihre Gefäße verraten ähnliche Bestrebungen wie ihre Plastiken und Wandbilder. Ein Glanzstück ihrer Gebrauchskeramiken ist ein im Jahre 1936 modellierter Spiegelrahmen mit zwei Kerzenleuchtern und der Aufschrift „Vanitatum Vanitas 1936 K. M." Sie fand eigenartige Formen für Schüsseln und Krüge und verewigte an ihnen mit beschwingter Phantasie ungarische Volkslieder. Der gravierte und engobierte „Große Krug" (1938) stellt die drei Momente des Trinkens dar. Nicht selten sind ihre Gefäße außen und innen reich verziert. Sie bevorzugte die komplizierten, virtuosen figuralen Formen, die sie auf der Drehscheibe anfertigte wie z. B. die kraftvollen, schwarz engobierten Krüge, die die Apostel Lukas, Johannes, Markus und Matthäus in symbolhafter Gestaltung darstellen, oder die „Vase mit Bogenschützen". Ihre grau engobierte, gedrehte „Taube" ist eine runde Tierplastik, eine Vorläuferin ihrer in den fünfziger Jahren entstandenen, aus Kugeln komponierten Figuren.

Ihre monumentalste Baukeramik aus der Zeit vor 1945 ist das Werk am Portal der Sankt-Emmerich-Kirche in Győr, die zwischen 1939 und 1940 erbaut wurde. Das Gebäude ist im Bauhausstil gehalten, der Architekt hob nur das Portal hervor, das die Arbeit Margit Kovács' zeigt. Im Feld über dem Eingang sieht man die Symbole von Glaube, Hoffnung und Liebe, über den Torpfosten je einen Engel mit ausgebreiteten Flügeln, an den Pfeilern aber die Kardinaltugenden Klugheit, Gerechtigkeit, Tapferkeit und Mäßigkeit. Alle in einer stark vereinfachten, byzantinisierenden Formgebung. Seit Mitte der dreißiger Jahre arbeitete die Künstlerin auch immer mehr für den Export. In einem im Jahre 1936 gewährten Interview erwähnte sie[52], daß sie auf amerikanische Bestellung Krüge, Vasen, Gebrauchs- und Ziergegenstände anfertige. Ihre materielle Lage war damals schon geordnet, und sie hatte sich einen eigenen Ofen setzen lassen. Sie lebte nun frei von materiellen Sorgen und widmete sich ganz ihrer Kunst. Den Ansprüchen des Publikums kam sie mit ihren seither zum Begriff gewordenen kleinen, an Kinderspielzeug erinnernden, „primitiv geformten, zackigen, buntbemalten"[53] Ziergegenständen entgegen: kleinen Pferden oder Heiligen und Engeln in Mänteln und mit prächtigen byzantinischen Kronen, teils selbständigen Figuren, teils aber praktischen Ziergegenständen, Kerzenleuchtern oder Vasen.

Im Jahre 1942 veranstaltete sie ihre zweite erfolgreiche Ausstellung. In dieser faßte sie die Ergebnisse ihrer seit 1935 immer bedeutsamer gewordenen Kunst zusammen. Die Kritiken hoben einstimmig ihre „individuell gestimmte", „spielend stilisierende" Kunst hervor.[54] Besondere Aufmerksamkeit widmeten sie ihren „Kirchendekorationen". Auf ihrem Oberflächendekor gelangte das „Spiel der Linien zu spitzenartiger Feinheit". „Sie formt, malt, stickt und huldigt der Goldschmiedekunst — alles auf einmal."[55] „Das Wesen ihrer Kunst ist spielerisch heiter und einfallsreich."[56] Die in byzantinischer Manier gehaltenen Wandbilder nannten die Kritiker „zu Leben erweckte Fresken".[57] Besonders große Anerkennung fand die im Jahre 1942 gemalte „Anbetung der Heiligen Drei Könige", in der die Konzeption der „Verkündigung II" aus dem Jahre 1938 weiterentwickelt, technisch aber die Engobe mit Bleiglasuren gemischt wurde. Innigkeit, Liebenswürdigkeit und das Fehlen von Konvention charakterisieren auch ihre gedrehte Krippe. Ihre in byzantinischer Manier gehaltenen Werke sind am häufigsten aus braungebranntem Klinker angefertigt. Auf diesem Braun leuchten sparsam angebrachte gelbweiße und rote Glasurflecken, türkisblaue oder weiße Buchstaben und Ornamente. Der Gegensatz zwischen schwarzbraun und weiß, zwischen matten und glänzenden Oberflächen verstärkt die dekorative Wirkung der Keramiken. Diese Technik hat sie auch an runden Klinkerplatten ausprobiert, so an einem die Apostel Petrus und Paulus darstellenden Tondo und an ihren Werken „Der hl. Petrus" und „Säulenengel".

In ihrem Schaffen kehrte sie wiederholt zu den Gnadenbildern Mariä der Wallfahrtsorte zurück. Ihre in byzantinischer Manier gehaltene, gekrönte Maria auf Klinkergrund — mit dem bekleideten Jesus auf ihrem Arm („Maria mit dem Kind"), die Kleider mit der stilisierten Rankenverzierung der volkstümlichen Klöppelarbeiten geschmückt — erscheint als eine lyrisch gestimmte Nachfolgerin düsterer byzantinischer Ikonen (1938–1942).

Auf Wunder wartender, naiver Glaube macht die dunkel gebrannte Klinkerfigur des „Guten Hirten" (1942) mit ihrer baumstammartigen, gotisch gestreckten Gestalt unvergeßlich.

Ungarische Formen und Ornamente inspirierten sie auch, Märchen zu gestalten. Anfang der vierziger Jahre, als sie immer größere Beliebtheit gewann, begann sie sich mit dieser Feenwelt zu beschäftigen. Ihre bewegte Formgebung entwickelte sich an handgeformten oder gemalten Werken.

Auch in diesem Genre fand Margit Kovács ihren individuellen Stil erst nach vielem Experimentieren. Der ausgezeichnete Ästhet Sándor Mihalik kennzeichnete bereits im Jahre 1943 den individuellen Charakter ihrer Kunst folgendermaßen: „Unter ihrer Hand erwacht die gold- und silberdurchwirkte, edelsteinglänzende, bunte Traumwelt von Tausendundeiner Nacht zu neuem Leben. Jedes einzelne ihrer Werke führt in die phantasiereiche Welt des Märchens, der poetischen Seele... ihre Formgestaltung ist ebenso aufrichtig und ungesucht wie die naive Art der mittelalterlichen Künstler."[58]

Ihr „Dornröschen" aus dem Jahre 1942 zeigt, wie sich ihre Formensprache von den mittelalterlichen Miniaturen einer Umwertung der volkstümlichen Tradition zuwendet.

Ebenfalls im Jahre 1942 modellierte sie ihr großes Flachrelief „Fischfang, Jagd", an dem sie das Problem der Figurenperspektive meisterhaft löste. In späteren Entwicklungsabschnitten wiederholte sie dann diese Art der Lösung häufig an ihren gemalten Wandbildern. Um den Flächencharakter zu bewahren, placiert die Künstlerin hintereinander vorzustellende Figuren übereinander. Die ikonenartigen Gestalten mit ihren großen Köpfen sind um einen Märchenbaum gruppiert, auf diese Weise werden die Figuren in die Traumwelt des Märchens versetzt.

„Gott gebe Wein, Weizen und Frieden!" ist der Titel eines Terrakottareliefs (1942), welches wieder ein Experiment mit einer der Elfenbeinschnitzerei nahestehenden Technik darstellt. Die Figuren wurden vor dem Brennen mit kräftigen Konturen aus dem vertieften Hintergrund herausgearbeitet. Drei antik gekleidete, gekrönte Frauengestalten halten eine Weinrebe, eine Weizenähre und eine Taube. Abweichend von ihren bisherigen Gepflogenheiten, beherrscht die glänzende, gelbliche Glasur das mit Weiß, Tomatenrot und Grün belebte Farbenensemble. In den Gesichtstypen entwickelte sie die aus den byzantinischen Ikonen übernommenen Formen weiter. Hohe, stark geschwungene, schattierte und ausdrucksvolle Brauen, dicke Augenlider, große, schmachtende, traurige Augen, grotesk starke, erotische Münder und lange Nasen kennzeichnen diese Figuren.

Die immer kraftvolleren, bildnishaften Gesichtsdarstellungen künden einen neuen Abschnitt in der künstlerischen Entwicklung Margit Kovács' an. Er führt von Typen zu individuellen, ausgezeichnet beobachteten Gesichtern, um sich dann in den fünfziger Jahren wieder von den wirklichkeitsgetreuen Porträts den Typen zuzuwenden, ihr Weg führte also vom Allgemeinen zum Individuellen, dann jedoch vom Individuellen zum Allgemeinen zurück.

Die engobierten und mit farbigen Glasuren versehenen, etwa 40 cm großen Figuren sind Ergebnisse ihrer genauen Beobachtungsgabe, der Lebensfreude und des Humors der Künstlerin. Man kann sie nicht verwechseln, sie haben einen eigenen Charakter, sie leben in einer eigenen Welt. Den Anfang bildete die im Œuvre von Margit Kovács mehrmals wiederkehrende „Salome" (um 1943/44). Mit der schlanken Gestalt und dem tomatenrot geblümten Kleid erinnert sie an das „Dornröschen". Verwundert blickt sie das Haupt Johannes des Täufers an, das sie auf einer Schüssel trägt; ihr Gesicht drückt Bosheit und Grausamkeit aus.

In der Reihe der Genrebilder folgen „Er liebt mich, er liebt mich nicht..." (1938), das mit ausgestreckten Beinen sitzende „Mädchen mit Puppe II" (1942/43) u. a. Die am meisten grotesken Züge finden sich an den Figuren der Serie „Altes Fotoalbum", es sind geistreiche Karikaturen des Kleinbürgertums (z. B. die „Frau mit Spiegel") wie die vor 1945 entstandene, zum Lachen reizende Statuette des „Kavaliers" im komisch wirkenden Feiertagsanzug.

Das Vordringen des Faschismus, die immer schwereren Zeiten, das allgemeine Gefühl körperlichen und seelischen Bedrohtseins lassen die Künstlerin wieder in größerem Maße biblische Themen wählen. Im Februar 1944 stellt sie Weihwasserbecken, Engel und andere religiöse Werke aus.[59] Ein gedrehtes Nischenrelief zeigt den Erzengel Michael (1944), wie er sein Schwert in den Rachen des sich vor den Füßen seines Rosses windenden Drachen stößt. Das Bild hat symbolische Bedeutung: Es ist ein Protest gegen den Krieg und der Glaube daran, daß die Gerechtigkeit über die apokalyptischen Greuel siegen wird. Der Fortsetzung dieser meisterhaften Komposition wird man erst später, in den fünfziger Jahren begegnen. Die Ausführung des ausgezeichnet charakterisierten, porträthaften individuellen Gesichtes des Erzengels Michael steht dem der „Salome" nahe.

Die große Schicksalswende in Ungarn im Jahre 1945 hat auch der Kunst Margit Kovács' eine andere Richtung gegeben. Anfangs war die Tätigkeit der bildenden Künstler durch die Inflation und den Mangel an Rohmaterial sehr erschwert. Margit Kovács antwortete im Jahre 1945 einem Journalisten, sie würde arbeiten, wenn sie soviel Holz hätte, um ihren Ofen anzuzünden.[60] Sie versuchte alles, um sich in das beginnende neue Leben einzufügen und einen Teil der gemeinsamen Sorgen auf sich zu nehmen. Noch im Jahre 1945 veranstaltete sie in ihrem Atelier eine Ausstellung, denn: „Die Befreiung hat so Vieles in uns erweckt, Vorstellungen, Irrtümer, Verbindungen. Die neue Atmosphäre hat uns den Aufgaben der Gegenwart nähergebracht, denn die neue Gegenwart war schon aufrichtig." Ihr Seelenzustand ist heiter gestimmt: „Dieses Wort drückt heute so große Dinge aus, geschichtliche Wendung, Freiheit, Wohlstand, Kultur... Das Genre der Keramik ist die Kunstart der Dekoration, der Schönheit, der Freude. Ihr Ziel kann und muß Ausdruck von Heiterkeit und Freude sein."[61] Die Erinnerung an die unmenschlichen Greuel verschwindet aber nur langsam aus ihrem Gedächtnis. Diese Erinnerung an die Leiden des Krieges hat zu den Figuren der Klageweiber inspiriert („Zwei Klageweiber" — um 1944). In ihren langgestreckten Gestalten drückt sie den Schmerz auf dramatische Weise aus. Ihre Gesichter sind tränenbenetzt, die Haltung verrät ratlose Verlassenheit.

Biblische Themen behandeln der um 1944/45 entstandene bärtige „Mann mit Lamm", der in seinem Arm ein nach links gewendetes Lämmchen hält, dann der im Jahre 1947 gedrehte und modellierte „Wunderbare Fischzug" sowie das Wandbild „Sankt Lukas" (1948). Diese Werke zeigen eine langsame Beruhigung der inneren Spannungen. Ebenfalls im Jahre 1948 entstand der gedrehte „Christus", der schon auf eine Auflösung der gebundenen byzantinischen Formen hinweist. Die gedrehten weiblichen Figuren scheinen sich lebhafter und zugleich aber differenzierter zu bewegen. Bei einer Vielzahl von Figuren setzt sie sich mit einer neuen Art des Modellierens, mit technischen und kompositionellen Problemen bei der Darstellung sich voneinander abwendender, sitzender, sich neigender oder doppelt auftretender Figuren auseinander. Schritt für Schritt werden die Farben heiterer, Details kommen in ihrer Kunst wieder mehr zur Geltung.

Diese Vorboten einer neuen Auffassung erscheinen sofort nach 1945. Ihre geistreiche Kritik an der kleinbürgerlichen Gesellschaft der Jahrhundertwende, die Serie „Altes Fotoalbum", setzt sie 1947 mit „Die kleine Schamhafte", 1947/48 mit „Theresia" — ein prächtiges Genrebild eines für die Sonntagsmesse gekleideten, linkischen Bauernmädchens —, 1948 mit „Herumschnüffelnde Mädchen", 1949 mit der preziösen „Dame", 1948 mit der grotesklinkischen „Brautwerbung" und mit dem „Chinesischen Mädchen", endlich 1949 mit „Frau mit Handschuhen" fort. Bei der Verwendung von Ornamenten entwickelt sie das an der „Gugelhupfmadonna" ausgebildete Verfahren weiter. Auch bei der Formgebung gedrehter Köpfe schlägt sie neue Wege ein. An der gedrehten Kugelform werden die Augen eingeritzt und koloriert. Die kleinen Nasen — meist sind es Stupsnasen — und die dicken Münder werden mit Ton aufgelegt, das Haar wird ebenfalls durch Einritzen und Kolorieren markiert. Besondere Sorgfalt verwendet sie auf die Modellierung der realistisch aufgefaßten, sehr ausdrucksstarken Hände, die einen wirksamen Gegensatz zu der typisierenden Formgebung der Köpfe und der vereinfachenden Formgebung ihrer an bäuerliche Tonfiguren erinnernden Gestalten bilden.

Ihre modellierten, hauptsächlich Kinder darstellenden Figuren wie das „Trinkende Mädchen" (1947), das mit gefalteten Händen betende „Kleine Mädchen" (1948), das „Staunende Mädchen" (1948) und die „Kinder im Puppentheater" (1950) entsprechen in ihrer Formgebung den Genrefiguren aus der Zeit vor 1945.

Wirklichkeitsgetreue Porträts hat Margit Kovács nur sehr selten geschaffen. Im Jahre 1948 modellierte sie das Porträt ihrer Mutter („Meine Mutter"), das sie 1951 in Bronze gießen ließ. Im energischen Antlitz dieser weise und versonnen lächelnden bejahrten Frau, die ihren Kopf in beide Hände stützt, hat die Künstlerin die Begleiterin ihres Lebens dargestellt, die der Tochter das Leben gab und ihr in allen Widerwärtigkeiten des Lebens treu zur Seite stand.

Mit dem Jahr 1948 beginnt ein neuer Abschnitt in ihrer

Kunst. Eine retrospektive Ausstellung faßt die Ergebnisse der vierziger Jahre zusammen und eröffnet die nächste, fröhliche und heitere Epoche. Sie hatte einen Riesenerfolg.

Damit erreichte ihre Kunst den Höhepunkt. Für ihre Tätigkeit wurde Margit Kovács mit dem Kossuthpreis, der höchsten, damals zum ersten Mal verliehenen Auszeichnung der Ungarischen Volksrepublik, belohnt.

Die einst vielfältigen Stilmerkmale ihrer Kunst werden nun einheitlich und nehmen monumentalen Charakter an. In der Themenwahl treten die Themen aus dem Volksleben in den Vordergrund, während die religiösen an Bedeutung verlieren.

In dieser Epoche läßt sich Margit Kovács formal fast ausschließlich von der ungarischen Volkskunst inspirieren. Meist übernimmt sie Elemente der volkstümlichen Ornamentik und verwendet sie auf neuartige Weise. In den Marktweibern, Bauernmädchen, brotschneidenden Frauen, Sämännern, nach Regen ausspähenden und Blumen pflückenden Mädchen, alten Flurwächtern und Fischern, klagenden und trauernden Frauen und auch in ihren Hochzeits- und Weinleseszenen tauchen Erinnerungen an ihre Kindheit auf. Die Farbgebung der Gefäße wird in diesen Jahren ebenfalls lebhafter, es überwiegen Schattierungen von Tomatenrot.

Der wirtschaftliche und gesellschaftliche Wiederaufbau nach dem zweiten Weltkrieg bot den bildenden Künstlern und den Kunstgewerblern reiche und vielfältige Möglichkeiten zur schöpferischen Betätigung, die für sie früher unvorstellbar waren. Ganze Wohnviertel entstanden, und gleichzeitig wuchsen in schnellem Tempo kommunale Bauten für Industrie und Handel empor. Bei steigendem Wohlstand bot den Keramikern die Wohnkultur reiche Arbeitsmöglichkeiten. So erklärte Margit Kovács bei der Übernahme des Kossuthpreises: „Uns ist mehr gegeben worden, als wir je hoffen durften. Die Aufträge sichern nicht nur unsere künstlerische, sondern auch unsere materielle Freiheit."[62]

In erster Linie waren István Gádor, Géza Gorka und Margit Kovács berufen, die wachsenden neuen Ansprüche und Bedürfnisse zu befriedigen. Diese drei Künstler mit ihren vollkommen unterschiedlichen Anschauungs- und Ausdrucksweisen schlugen verschiedene Wege ein und erreichten verschiedene Ziele, doch in einem stimmen sie überein: alle drei schöpften aus dem reichen Formen- und Ornamentenschatz der ungarischen Volkskunst und entwickelten eine eigene individuelle Formensprache. „Neben ihnen", so György Domanovszky, „konnten alle anderen nur mehr untergeordnete Rollen spielen."[63]

In dieser historischen Zeitspanne fanden die gesellschaftlichen Ansprüche in den schöpferischen Fähigkeiten der Künstlerin ihre Entsprechung, das war die glücklichste Zeit ihres Lebens. Auch Margit Kovács war sich ihrer Ausnahmestellung bewußt: „Es freut mich, diese Zeit erlebt zu haben, in der der Künstler wahrhaft für die Massen arbeitet. Es gibt keine größere Genugtuung für mich, als

eine meiner Arbeiten an einem öffentlichen Gebäude, an einer Metrostation oder an einer Schule zu sehen... das ist das eigentliche Ziel."[64]

Länger als ein Jahrzehnt haben die großen und bewegten, aus Terrakotta gefertigten, glasierten, gemalten oder modellierten Wandkeramiken die Tätigkeit von Margit Kovács bestimmt und ihr in einer Reihe von Ausstellungen immer größere Anerkennung verschafft.

Die Kulturpolitik der fünfziger Jahre regte die Künstler zur Ausbildung einer mit volkstümlicher Tradition vermischten realistischen Formensprache an. Den Keramikern war diese Bestrebung nicht fremd, sie bot auch ihnen Entwicklungsmöglichkeiten und führte erst nach 1952 zum Schematismus, zur Vernachlässigung der Funktion der Gegenstände, zu bloßer Nachahmung volkstümlicher Traditionen. Im Bericht über die I. Kunstgewerbliche Ausstellung des Jahres 1952 wird in der Tageszeitung *Szabad Nép* das Programm verkündet: „Wir reißen die Scheidewände zwischen beruflicher und Volkskunst nieder."[65]

Auf Margit Kovács' Schaffen hatte diese Wandlung zunächst einen wohltätigen Einfluß: „Die neue, befreite Anmut, die Schönheit, die Sicherheit der Bewegung stellen uns prächtige Aufgaben, denen man nur nachkommen kann, wenn man die neue Wirklichkeit erkennt und das Herz dafür öffnet, um sich von aller neuen Schönheit und Freude durchdringen zu lassen."[66]

Die Kulturpolitik verlangte aber von der Kunst die Erfüllung kurzfristiger Aufgaben; sie hatte eine bestimmte erzieherische Wirkung auszuüben, die eher eine Aufgabe der Publizistik gewesen wäre. Von jedem Kunstwerk „erwartete man" Widerspiegelung und unmittelbare Bewußtseinsformung. All dies wirkte sich schädlich aus, und die Kunst war im wesentlichen unfähig, die übernommenen gesellschaftlichen Aufgaben zu erfüllen. Dazu kam, daß die damalige ungarische Kulturpolitik es sich nicht zum Ziel gesetzt hatte, den Geschmack der Massen in durchdachter, geduldiger Erziehungsarbeit umzuformen, sondern bestrebt war, die Formensprache schnell „allgemeinverständlich" zu vereinfachen. Der sogenannte „Stildemokratismus" forderte äußere Ähnlichkeit der Gegenstände, die realistische Formensprache des 19. Jahrhunderts. Zu dem Irrtum über die Frage der Allgemeinverständlichkeit kam das Mißverständnis über die Rolle der Tradition, die im Kunstgewerbe in äußerliche Nachahmung volkstümlicher Motive ausartete: „Vollendete Einheit des sozialistischen Inhaltes und der nationalen Form sah man in denjenigen kunstgewerblichen Gegenständen, die volkstümliche Motive dekorativ verwendeten (Textilien, Keramiken). Volkstrachtmotive auf Gemälden wurden als volkstümliche Erscheinungen in der Kunst begrüßt. Von der allgemeinen Entwicklung dekorativer Kunstarten, des Kunstgewerbes und der Formgestaltung erwartete man die bewußtseinsbildende Wirkung der Malerei, der Bildhauerei und der Graphik."[67]

Wie viele andere hervorragende Vertreter der bildenden

Kunst und des Kunstgewerbes mühte sich auch Margit Kovács in diesen Jahren bei der Lösung von Aufgaben im Spannungsfeld zwischen sozialistisch-realistischer Darstellung und eigener dekorativer, stilisierender Neigung. Ihr zweiter großer Auftrag war das „Detail des Wandbildes 1. Mai", das aus achthundert Mettlacher Platten zusammengesetzte Wandbild der Grenzstation Hegyeshalom, eine „Landkarte Ungarns", die die Stirnwand des Gebäudes ausfüllt. Ein Kritiker schreibt sehr bezeichnend für die Ansichten jener Zeit in Nr. 5 des Jahrganges 1950 der Zeitschrift *Épités — Épitészet*: „Auf der Landkarte der Ungarischen Volksrepublik illustriert sie (Margit Kovács) die Schätze des ungarischen Bodens, die Vielzahl der Heilquellen, die größeren industriellen und landwirtschaftlichen Zentren und die charakteristischen Sehenswürdigkeiten der Städte." Links oben empfangen „als Abgesandte des arbeitenden ungarischen Volkes eine Bäuerin in ungarischer Tracht, die Blumen und Brot hält, und ein Arbeiter den Einreisenden mit dem Gruß ‚Salve'. Über Budapest mit der Fischerbastei und der Kettenbrücke erhebt sich bis über die Grenzen des Landes hinaus das Freiheitsdenkmal, das uns symbolisch in Ausmaß und Betonung die Bedeutung der Befreiung des Landes nachempfinden läßt. Eine aus dem Plattensee auftauchende Nixe hält ein Herz, in Hévíz wirft ein geheilter Kranker seine Krücken weg; rauchende Fabriksschlote, Bergwerke, Eisenhütten kennzeichnen die Industriezentren. In der Theißgegend stellen eine Traktoristin, am Theiß-Donau-Kanal ein Erdarbeiter das veränderte soziale Machtverhältnis des Landes dar. In Eger bringt uns ein blutender Stier den Wein, eine auf den Kopf gestellte Kirche über der Hortobágy erinnert an eine Fata Morgana, Kossuth vor der Großen Kirche in Debrecen läßt die Bemühungen um die hart erkämpfte Freiheit aufleben. Von der Kirche in Ják bis zu den monumentalen Eisenwerken von Győr werden Erinnerungen an die Vergangenheit mit Schöpfungen der Gegenwart verbunden. Die kleinen Zwischenräume füllen farbige Blumen. Höhepunkt der Darstellung ist die flammende Sonnenscheibe, die die Fläche rechts ausfüllt, auf das Land und die unter Fahnen marschierende singende Jugend weist und Heiterkeit und Licht ausstrahlt..."[68]

Auf ähnliche Weise gestaltete Margit Kovács im Jahre 1950 die Landkarte des Plattensees für die Schalterhalle des Südbahnhofs. In beiden Landkarten setzt sie mit der Darstellung der Eigenheiten einzelner Gegenden, Städte und Dörfer die mosaikartige Technik des Reliefs „Budapest, die Königin der Donau" auf höherem Niveau fort.

Ein ihr eigenes technisches Verfahren war, Keramiken in Zement zu betten; es handelt sich um eine organische Fortsetzung ihrer vor 1945 in Kunststein gebetteten Bilder. Margit Kovács hat alle in Ziegel, Kunststein und Zement enthaltenen technischen Möglichkeiten studiert. Diese keramischen Wandbilder sind eigentlich auf anderes Material applizierte Ausschnitte aus einer lederharten

Tonplatte, in die die Komposition eingraviert wird. Bereichert werden sie durch Reliefverzierungen, die engobiert und mit Deckglasuren bemalt werden. Das Werk wird dann zweimal gebrannt. Wie die Fliesenbilder sind diese in Zement gebetteten Kompositionen sehr geeignet zur äußeren Dekoration von Gebäuden. In den fünfziger Jahren fügten sie sich organisch in die Wandgestaltung monumentaler öffentlicher Gebäude ein.

Kennzeichnend für die Periode ist die Keramik „Bin ich nicht hübsch?", die im Jahre 1951 in dieser Technik ausgeführt worden ist. Das Werk zeigt eine in Volkstracht gekleidete junge Bauernfrau mit ihrer Mutter. Eine Weiterentwicklung der gleichen Technik stellt die Keramik „Ankleiden der Braut" (1953) dar, die eine mit einem weißen Spitzenkleid geschmückte Matyóbraut zeigt, der von einer dunkel gekleideten Frau beim Anziehen geholfen wird.

Was die Künstlerin in den fünfziger Jahren geschaffen hat, wird durch einen wirklichkeitsnahen Realismus, durch tiefen psychologischen Gehalt, bald stärkere, bald schwächere Stilisierung und Dekorativität gekennzeichnet. Die Themen ihrer Bilder entnimmt sie im allgemeinen dem Bauernleben, doch gestaltet sie in den Jahren der großen Umwandlung nur ausnahmsweise, den thematischen Tendenzen der Zeit entsprechend, auch Industriearbeiter, zum Beispiel einen „Glasbläser" und einen „Martinstahlwerker" (1953), sowie zahlreiche Erscheinungen des neuen Lebens, so im Jahre 1952 in der Komposition „Die Volkstanzgruppe probt" oder im Jahre 1951 im „Relief mit Friedenstaube" zum Jahrestag der Befreiung.

Margit Kovács schöpfte ihre Inspirationen aus dem ungarischen Dorfleben, aus der Vergangenheit und der Gegenwart des ungarischen Volkes. Sie sagte selbst: „In meinen Bauernfiguren möchte ich die reiche Gefühlswelt und die Vielfalt des Lebens erfassen. Zu den Bauern gehe ich zwar nur zu Besuch, aber sie modelliere ich am häufigsten... An jungen Bauernmädchen und alten Bäuerinnen habe ich am reinsten die Gefühle entdeckt, die mir nahestehen und mich zur Arbeit anregen."[69] Diese Inspiration und die sich aus dem beobachteten Wandel des Lebens erschließende kontemplative, stark lyrische und im Grunde heitere Erlebniswelt mit ihrem nach Klarheit und Harmonie strebenden, inhaltsreichen künstlerischen Niveau läßt eine eigenartige Welt von Formen und Ornamenten entstehen. Von neuen Bestrebungen des künstlerischen Ausdrucks wird sie nur kurze Zeit in Bann gehalten, die Künstlerin strebte weiter, die neuen Eroberungen paaren sich mit den früheren Ergebnissen und kommen in ihren plastischen Ideen oder der reichen Ornamentik zum Ausdruck.

Auch ihre Techniken entwickelten sich nicht nacheinander, sondern eine mit der anderen wechselseitig verbunden. Ihrer Meinung nach gibt es zwischen ihrer bildhauerischen und ihrer keramischen Neigung keinen Widerspruch, höchstens den, daß „der Keramiker immer ein wenig vom Topf ausgeht und der Plastik zustrebt", wie ihre gedrehten Figuren zeigen, die meistens nicht verleugnen, daß sie „vom Topf her gekommen" sind. In ihrer eigenen Tätigkeit war sie nicht in der Lage, zwischen Bildhauerin und Keramikerin zu unterscheiden. „Von Unterschied ist keine Rede, beide gehen organisch ineinander über. Auch wenn ich an der Drehscheibe arbeite, fühle ich, daß es keine scharfe Grenze zwischen der Arbeit eines Bildhauers und eines Keramikers gibt. Beide sagen dasselbe, nur in einem anderen Dialekt. Vielleicht handelt es sich nur darum, daß in diesem Ton verarbeitenden Handwerk — das für mich von allen das schönste ist — sich so viele Möglichkeiten verbergen. Wenn man in der einen ermüdet, setzt man die Arbeit in der anderen fort: Wenn ich zum Beispiel modelliert habe, so macht es mir danach Freude, eine Zeichnung in eine flache Tonplatte einzuritzen, was wieder etwas ganz anderes ist, als den Ton zu kneten. Besser gesagt, ich knete Bänder — ich pflege sie „Tonröllchen" zu nennen — und lege diese zusammen, baue aus ihnen die Formen und Figuren. Es gibt also bereits beim Entstehen des Werkes gewisse Unterschiede. Der Keramiker baut die Formen auf wie eine Schwalbe ihr Nest. Der Bildhauer dagegen bringt seine Formen vorgefertigt an einem Eisen- oder Holzgerüst an. Und wenn ich das Gefühl habe, es wäre gut, sich von der Arbeit etwas zu verschnaufen, ich aber doch keine Geduld habe, es auch zu tun, dann wechsle ich zum Ausruhen einfach die Technik."[70]

Aus dem lyrischen Charakter ihrer Schöpferleidenschaft, der sich in erster Linie selbst zum Ausdruck bringen will, erwuchs ihre Arbeitsweise, daß sie nämlich die verschiedenen Möglichkeiten der optischen Verfahren ausnutzte, je nachdem, was dem Ausdruck ihrer überströmenden Gefühle am besten entsprach.

Die einprägsame Wirkung ihrer Arbeiten liegt in ihrer Aufrichtigkeit. Die Aufrichtigkeit ist einer der Grundzüge dieser schöpferischen Haltung. Die Künstlerin selbst sagte: „Ich verlasse mich auf die Aufrichtigkeit. Ich bemühe mich auszudrücken, was schön ist oder was in mir eine Resonanz findet. Ich will in meinen Werken immer aufrichtig sein. Ich lebe zwischen zwei gegensätzlichen Polen. Hier die Furcht, ich könnte erlöschen, mit der Zeit nicht Schritt halten, dort die Besorgnis, ich könnte mich in die Richtung der Unaufrichtigkeit treiben lassen, einmal die Furcht, hinter der Zeit, dem Leben zurückzubleiben, zum anderen aber auch das Streben, das Neue im Leben so zu übernehmen, daß ich es in meiner Sprache ausdrücke. Und meine Sprache entspricht meinem seelischen Zustand."[71]

Das Gebot der Zeit, die „neue" Qualität des Lebens hatten zur Folge, daß in ihren Werken nüchterne, vierschrötige ungarische Bauerntypen die Stelle früherer, beinahe bis zur Körperlosigkeit verfeinerter Damen einnahmen. Dieses Bestreben, die Annäherung an die Realität und stärkere psychologische Charakterisierung künden schon die Figuren des „Familien-Fotoalbums" an, es kann aber auch an den gemalten Wandbildern gut verfolgt werden,

so an der um 1948 gemalten Terrakottaplatte „Mädchen mit Lilie und Lamm" mit der Aufschrift „A Toi K M" und im elegisch gestimmten „Heimwärts".

Das „Neue" meldet sich zuerst in der Kleidung und den charakteristischen Requisiten der Figuren, obwohl die „Volkstrachten" von Margit Kovács' Figuren nirgends und niemals getragen wurden, sie sind umgeformt und der dekorativen Phantasie der Künstlerin entsprechend bereichert.

Ihre um 1950 gemalten Wandbilder haben den Charakter von Genrebildern. Der in einer Laube während der Arbeit dargestellte „Töpfer" (um 1951) steht in Wirkung und Stimmung noch dem Wandbild „Dornröschen" nahe. Der einen enghalsigen Krug drehende, sich nach rechts wendende Junge ist Symbol der Künstlerin. Um ihn stehen auf Regalen Vasen und Krüge, ebenso wie beim „Knaben mit Töpferscheibe" des Jahres 1929. Im Gegensatz zur kompositorischen Geschlossenheit des „Knaben mit Töpferscheibe" des Jahres 1929 ist die Komposition dieses Werkes aufgelockert und reich an schönen Details und Farben.

Das im Jahre 1951 gemalte „Mittagessen auf dem Feld" stellt ein Bauernpaar dar, das zwischen Ähren und Blumen das Mittagmahl einnimmt. Die das Brot schneidende Frau im aufgerafften Rock auf der linken Seite verdeutlicht eine Thematik, die in der Kunst Margit Kovács' zu dieser Zeit öfter wiederkehrt. Bei diesem Bild bedient sie sich naturalistischer Mittel, den Hintergrund deutet sie nur durch einige im Wind bewegte Weizenhalme und einige am Boden blühende Blumen an. Die Gesichter sind fein ausgearbeitet, ganz im Gegensatz zu den großen, bloßen, grotesk wirkenden Füßen.

Die Farben werden von Jahr zu Jahr lebhafter: „Die frischen, feinen Schattierungen ihrer Farben, die schwungvolle Zeichnung ihrer Figuren wollen die Buntheit und Bewegtheit unseres Lebens verkünden." Gegen die Stilisierung ihrer Figuren tritt jedoch die Kritik auf: „Es liegt eine gewisse Gefahr darin, wenn sie besonders die ihr lieben Mädchengestalten zu stark verfeinert und ätherisch gestaltet. Die Volkstanzgruppe erinnert ein wenig an Botticellis ‚Frühling', ihre Bauernmädchen erinnern ein wenig an Hofdamen... Es wäre zu überlegen, ob diese Technik, Gesichts- und Körperfarben in mattem Ton zu halten, auch bei Wandbildern angemessen ist, denn so wirken gerade die wesentlichsten Teile der Darstellung — die menschlichen Gesichter — in ihrer glänzenden Umgebung leblos und flach."[72] Ansonsten wird dem Bild „Die Volkstanzgruppe probt" und dem gleichzeitig ausgestellten Nischenrelief „Beim Ostereierbemalen" ganz besonderer Wert zugesprochen.

Zu Beginn der fünfziger Jahre ändert sich auch die Linienführung der Gestalten. Besonders an den gemalten Wandbildern wird sie zart, sehr empfindlich, fast arabeskenartig und durch reichliche Anwendung grellbunter Farben und volkstümlicher Ornamentik in ihrer Wirkung noch gesteigert.

Unter ihren Wandbildern ragt das Hauptwerk, ein 1952 auf schwarze Mettlacher Mosaikplatten gemaltes „Beim Apfelpflücken" hervor. Die Perspektive ist, der Praxis ihrer Flächenkompositionen gemäß, durch Übereinanderstellung der Elemente gelöst. Die Komposition beherrscht der in den Mittelpunkt gestellte Apfelbaum, der mit seinen reich sich ausbreitenden Zweigen an die Wirkung früher flämischer Teppiche erinnert. Rechts lehnt ein Junge seine Leiter an den Baum, links fängt ein Bauernmädchen mit Zopf in ihrer Schürze die Äpfel auf. Der angehobene Rock läßt den Spitzensaum des Unterrockes erkennen. Oben in der Krone des Baumes pflückt ein kleiner Junge Äpfel. Unter dem Baum wird das Bild durch eine Art Stilleben ergänzt: im Schubkarren steht ein Korb voller Äpfel. Die Modellierung der Gestalten und der Kleidung ist vollkommen wirklichkeitsnah und durch die lasurartige Behandlung der weißen Stellen noch hervorgehoben. Die Farben sind lebhaft, Schwarz und Grün werden durch das Tomatenrot der Frauenröcke belebt.

Der monumentale „Ofen mit Hochzeitsszenen" gehört zu den Hauptsehenswürdigkeiten der im Vastagh-Haus in Szentendre untergebrachten Sammlung der Werke von Margit Kovács. In der Form folgt er den Renaissanceöfen. Am modellierten, durchbrochenen Sims sind an Weintrauben pickende Vögel zu sehen. Die großen Kacheln des weiß glasierten Ofens wurden mit bunter Deckglasur reich verziert.

Die im Jahre 1953 im Budapester Nationalsalon veranstaltete Margit-Kovács-Ausstellung war ein Höhepunkt in der ungarischen Kunstkeramik. 165 Werke waren ausgestellt, vom zwei Meter hohen Ofen bis zu den 15 bis 20 cm hohen Figuren. Die Künstlerin hatte ihre spezielle Ausdrucksweise gefunden, an die Stelle des unruhigen Suchens war für einige Zeit heitere Ruhe getreten. Sie war an einem glücklichen Punkt ihrer Laufbahn angelangt. Intuition, Phantasie, Technik, Studium und Erfahrungen bildeten in ihr ein vollkommenes Ganzes.

Anerkennung und Ruhm, Ehrungen in der Heimat und im Ausland begleiten Margit Kovács auf dem Weg zum Parnaß: 1953 Verleihung des Titels „Verdienter Künstler der Ungarischen Volksrepublik", 1958 Verleihung des Grand Prix der Brüsseler Weltausstellung, 1959 der Titel „Hervorragender Künstler der Ungarischen Volksrepublik". In Rom veranstaltete sie eine Ausstellung, 1959 nahm sie in Ostende, 1962 in Prag an den internationalen Keramikausstellungen teil, überall mit großem Erfolg.

Ihre Werke — hohe Ausprägung bester ungarischer Keramikkunst — sind geträumte Märchen, wenn man ihren eigenen Worten folgt: „Der Keramiker sieht die Welt aus der Vogelperspektive, und dadurch wirken seine Darstellungen immer etwas märchenhaft. So hat bei mir beides zueinander gefunden, die Vogelperspektive der Wirklichkeit und das Märchen. Anders sieht der Maler, anders der Bildhauer und wieder anders der Keramiker — und der Keramiker sucht auch in der Wirklichkeit das Märchen."[73]

Ihre Erklärung über die Aufgabe des modernen Keramikers wirft ein bezeichnendes Licht auf ihre individuelle Auffassung und ihre Arbeitsmethode: „Er verwirft nicht die Schätze und Werte des Märchens und des Traumes, im Gegenteil, er bedient sich ihrer, um die Wirklichkeit, seinen Zwecken entsprechend, darzustellen: er zaubert das Schöne noch schöner, spitzt das Häßliche zu und deutet die Wirklichkeit durch Schärfe der Darstellung."[74]

Margit Kovács hat sich eine eigene Welt geschaffen. Die Figuren ihrer Werke leben, freuen sich, trauern, sinnen nach ... Die Seele ihrer Krüge und Schalen ist „der Feenglanz, der sie bezaubert. Es scheint, als ob diese Gegenstände nicht glasiert wären, sondern von innen heraus die schöpferische Kraft leuchten würde"[75] ... was nichts anderes ist als die Persönlichkeit der Künstlerin. In diesen Jahren schafft sie in nie versiegendem Strom die „Kinder" ihrer beschwingten Phantasie, gemalte und modellierte Wandbilder, Krüge, Figuren, Schalen, Kompositionen, die mit frischen Farben das Volksleben illustrieren. Mit ihren üppigen Dekorationen geriet sie allerdings hin und wieder in Gefahr, das eigentlich Kompositorische zu vernachlässigen. Doch bald überwand sie auch diese Periode.

Die in Hochrelief modellierten Wandbilder sind durch ihre reife Gestaltungskraft Meisterwerke der ungarischen Gegenwartskunst. Ihre Themen nahm die Künstlerin aus dem ungarischen Dorfleben. Die Komposition ihrer vielfigurigen Reliefs ist den gemalten Bildern gegenüber immer geschlossen. Die Bewegungen der Figuren geben dem Werk den Rhythmus und verknüpfen die einzelnen Gestalten miteinander. Die unerschöpfliche Erzählfreude, das weiche Gemüt und die dekorative Phantasie Margit Kovács' vereinigen sich in diesen nach strengen kompositionellen Prinzipien aufgebauten und von großem bildhauerischen Können zeugenden Werken zu glänzenden Beispielen künstlerischer Vollendung.

An den grotesken Zügen kann am besten ermessen werden, welch befreiende Kraft in dieser Zeit Margit Kovács' Ironie darstellte. Sie war nicht nur das Gegengewicht zum stark Gefühlsbetonten, sondern förderte die Künstlerin auch beim Schaffen von Typen. Die Ironie erweiterte mittelbar die epischen Möglichkeiten ihrer Kunst.

Die im Jahre 1955 entstandene „Hochzeit" stellt nicht nur einen Höhepunkt der künstlerischen Laufbahn Margit Kovács', sondern auch der gesamten modernen Kunstkeramik Ungarns dar. Aus Typen, die Seelenzustände und Gefühle verdeutlichen sollen, wandeln sich die Figuren zu sinnfälligen Individualitäten, so steht die rührende Haltung des Brautpaares im Kontrast zu den gaffenden Hochzeitsgästen.

Auch die kompositionell bewegte „Weinlese" (1955), in gemischter Technik angefertigt und im Budapester Museum für Kunstgewerbe ausgestellt, gehört zu ihren Hauptwerken. Wieder ist ein heiterer Augenblick des ländlichen Lebens eingefangen. Reiche Phantasie und Märchenstimmung kennzeichnen auch dieses Werk.

Von größter künstlerischer Bedeutung sind die Rundplastiken. Diese gedrehten Genrefiguren haben in viele Wohnungen Freude über ein Stückchen Schönheit gebracht. Damals entstanden ihre großen gedrehten und glasierten Figuren, so das „Brotanschneidende Mädchen" (1952), „Wie wohl das Wetter wird?" (1953) und eine Spitzenleistung unter ihren gedrehten und glasierten, realistisch aufgefaßten großen Plastiken: die „Spinnerin" (1953). Die Möglichkeiten der Drehscheibe voll ausnützend, materialgerecht vorgehend, reale mit grotesken, dekorativen Formen verbindend, zaubert sie mit der Technik alter Meisterwerke der Volkskunst Lebewesen und Erscheinungen des modernen Lebens. Das künstlerisch-technische Problem dieser Figuren liegt in der gesteigerten Bewegtheit und in der Gestaltung der großen, gedrehten Flächen. Am einfachsten und einheitlichsten gestaltet ist das Mädchen bei „Wie wohl das Wetter wird?", eine ruhig stehende, zum Himmel aufblickende Mädchengestalt in langem Rock und Mieder. Beim „Brotanschneidenden Mädchen" kommt durch Verbindung von geschlossenen Kugel- und Zylinderformen eine erregte Komposition zustande. Diese formalen Probleme beschäftigen die Künstlerin seit den fünfziger Jahren. Auch das Dekor spielt an der Kleidung der Frau in Volkstracht eine größere Rolle.

In diesen großen gedrehten Figuren vereinigen sich Menschendarstellung, bildhauerische Ansprüche und Dekorativität auf sicher höchstem in der Keramik zu erreichendem Niveau.

Schalen, Krüge, in Vogel- oder Tierform gedrehte Gefäße schuf die Künstlerin zu jener Zeit in großer Zahl. Die technische Bravour des Einritzens, des Malens, des Mischens verschiedener Glasuren, ihre reiche Phantasie und die individuelle Umformung des Motivschatzes der volkstümlichen Ornamentik prägen ihren Schöpfungen einen unverwechselbaren Stempel auf.

Als nach 1956 die Ziele der Kulturpolitik neu bestimmt wurden, drängte im Bereich der Keramik die unter István Gádor aufgewachsene junge Künstlergeneration in den Vordergrund. Ihre neuen Auffassungen und ihre ästhetischen Ansichten hatten ihre Rückwirkung auch auf die Mitglieder der älteren Generation. Heute nehmen die ungarischen Keramiker in ihrer Mehrheit zwei unterschiedliche Standpunkte ein. Die eine Gruppe bleibt dem Geist der ungarischen Tradition, der Volkskunst treu, schöpft zwar auch aus den zeitgenössischen künstlerischen Strömungen, bewahrt in ihrer Formensprache aber doch einige Besonderheiten des Formen- und Ornamentschatzes der Volkskeramik. Die andere Gruppe wird von Vertretern der monumentalen Keramik gebildet, die sich an die konstruktivistischen Stilbestrebungen der westeuropäischen Keramik anschließen. Zu diesen gehören einige Künstler, die unter dem Einfluß der westeuropäischen Keramik stehen und Anhänger einer aus Japan kommenden, an den Zen-Buddhismus anknüpfenden, archaisierenden Richtung geworden sind: Sie schaffen Keramiken, die zufälligen Naturformen ähneln, so zum Beispiel einem was-

serbespülten, moosbedeckten Stein, oder sie bilden die Struktur der einfachsten Elemente der organischen Naturformen nach, in einer Art der „sculpture tachiste". Die Auffassung vertreten sogar mehrere Mitglieder der mittleren Generation (Imre Schrammel, Lívia Gorka). Diese Richtung ist ein Nachzügler der Romantik, eine Reaktion gegen die scheinbar alles in ihren Bann ziehende technische Zivilisation.

Margit Kovács fühlte im Jahre 1956 den Wandel von Zeit und Geschmack. Bei den Wandbildern „Dorfschönheit" und „Mittelalterliche Weinlese" (1956) kommt zwar in Inhalt und Linienführung noch die alte Erlebniswelt zum Ausdruck, doch ist die Komposition nicht mehr so unruhig, und auch die Farbakkorde sind harmonischer.

Ein Beispiel für die neue, geschlossenere und vereinfachende Modellierung ist der an die Formgebung und Technik der volkstümlichen Holzschnitzereien erinnernde hornblasende „Schweinehirt" (1956) mit eingeritzten Verzierungen.

Traditionen und Ornamente der Volkskunst haben nach 1956 in der ungarischen Keramik an Anziehungskraft verloren. Die Anwendung von Ornamenten wird seltener, in der Formenwelt melden sich die neue Bauhauswelle, die geometrische, konstruktivistische Richtung und der Archaismus, die Suche nach vereinfachten, tektonischen Formen. An die Stelle der auf der Drehscheibe angefertigten Gefäße und Figuren treten solche, die aus Tonstreifen asymmetrisch aufgebaut werden, natürlichem Gestein, Kieseln ähneln, und an Formen der Urzeit erinnernde große Vasen mit rauher Oberfläche. Werden Glasuren angewandt, erzielen diese eine interessante Oberflächenwirkung.

Anstelle der Terrakotta spielt seit dem zweiten Weltkrieg in der europäischen Keramik die bei hoher Temperatur gebrannte Schamotte eine immer größere Rolle. Sie erfordert andere Formen und andere Glasuren als der außerordentlich bildsame Ton.

In ihrer Jugendzeit lernte Margit Kovács in Sèvres bereits die Schamotte kennen. Ihr heute noch bekanntes „Pausbäckiges Mädchen" erregte damals mit seiner neuartigen Oberflächengestaltung und archaischen Formauffassung großes Aufsehen.

Nach 1956 setzte sich immer mehr die Tendenz durch, die Wirklichkeit im übertragenen, abstrahierenden Sinne widerzuspiegeln. Bei der Suche nach neuen künstlerischen Möglichkeiten ging Margit Kovács von diesen Tendenzen aus. Der Widerstreit der verschiedenen Einflüsse widerspiegelt sich in der künstlerischen Entwicklung Margit Kovács' von 1956 bis zu den im vergangenen Jahrzehnt erzielten neuen Erfolgen.

Über ihre auf dem Höhepunkt ihres Schaffens unternommenen Versuche, über den Mut des Suchens nach Neuem sagte sie selbst: „Ich glaube, daß dies natürlich ist. Immer lauert die Angst, man könnte steckenbleiben, sich etwas angewöhnen, auch nur für eine Minute in Routine verfallen. Kunst ist pausenloses Suchen, und ich glaube, dies gilt besonders für unsere gärende, suchende Welt. Der Künstler ist dauernd auf der Suche, er feilt an seiner Kunst, er forscht nach Neuem, aber Neuem, das er sich zu eigen machen kann. Und im Neuen ist er bestrebt zu vermeiden, was bloß Mode ist."[76]

Die neue Formensprache ist ihr vom Material aufgezwungen worden: „Vor einigen Jahren erhielt ich für eine bestimmte Arbeit dieses rauhe Material, die Schamotte. Mir gefiel die Farbe, ich nahm es gern in die Hand, und es machte mir Spaß, damit zu arbeiten. Seine Rauheit zwang mich, der Aufgabe entsprechend, nach einer rustikaleren Form zu suchen, weniger auf Einzelheiten zu achten, strenger zu modellieren. Dieses Material wies mir den Weg zur Strenge."[77] Um das Jahr 1956 kehrte sie zur Verwendung von Schamotte zurück, sie hatte sie liebgewonnen: „Die Gegebenheiten des Tons verleiten einen zu allzu glatter Modellierung. Deshalb mische ich dem Ton gern manchmal rauhere Schamotte bei, und so zwinge ich mich, dem Gebot des Materials zu folgen und größere, geschlossenere Formen zu modellieren."[78]

Die ersten Meisterwerke aus Schamotte waren Kleinplastiken: der „Judaskuß" (1956), der „Fischer" (1958), der „Schlafende Knabe" (1958), der „Alte Fischer" (1958) und der „Alte Flurwächter" (1958).

Mit der kraftvolleren, aber größeren und auf Einzelheiten verzichtenden Formgebung kehrt sie zu den archaisch anmutenden, menschlichen Körperproportionen ihrer Jugendwerke zurück. Ihre Figuren sind wieder gedrungen, sie haben große Köpfe und Hände, plumpe Füße, ähnlich den Figuren der Reliefs romanischer Dome. Auch in der Modellierung kehrt sie zur expressiven, unfertig scheinenden Oberflächenbehandlung zurück.

Wie immer in ihren wechselnden Schaffensperioden setzen sich die neuen Formen langsam durch und werden vorherrschend.

Auch das 1961 entstandene, farbig glasierte Märchenwandbild aus Terrakotta „Auf den Spuren vergangener Zeiten" wirkt wie ein Gobelin. Die Darstellung wurde jedoch nicht von der Welt der Volksmärchen, sondern von den spätgotischen Miniaturen inspiriert. Die Linienführung ist extrem vereinfacht, die Figuren sind geschlossen modelliert. Zwar ist der Stimmungsgehalt heiter, doch findet sich keine Spur von überschäumender Freude oder von fieberhafter Unruhe. Das Bild strahlt erhabenen Ernst und Ruhe aus.

Neue Formen, eine gewisse Traurigkeit in Ideen- und Stimmungsgehalt haben gegen Ende der fünfziger Jahre ihren größeren Reliefs den Rang zeitloser Meisterwerke verliehen. So das an den Geist ungarischer Volkslieder erinnernde, expressiv und grob modellierte Relief „Hei, Fischer, Fischer…" (1958) oder „Die schlafende Mutter Erde und die vier Jahreszeiten" (1959). Sie sind von archaischer Wirkung, wahrhaftig, einfach, das ewig Menschliche kommt klar zum Ausdruck. „Die schlafende Mutter Erde und die vier Jahreszeiten" (1959) modellierte die Künstlerin für die Meteorologische Weltorganisation in

Genf. Kargheit und die Absicht, allein das Material sprechen zu lassen, werden von der Künstlerin dadurch betont, daß sie ganz auf Farben verzichtet. Die gegen Ende der fünfziger Jahre entstandenen Reliefs und Plastiken aus Schamotte weisen die ursprüngliche Farbe des Materials auf. Die Neigung für gedämpfte Harmonien taucht in ihren Werken seit dem Ende ihrer ersten Epoche auf und tritt nach der erregten Farbenpracht ihrer in den fünfziger Jahren entstandenen Werke wieder in den Vordergrund ihrer Kunst. In dieser Epoche entdeckte sie das Schöne im Einfachen und fühlte sich von feinen Schattierungen angezogen, die durch die Licht-Schatten-Wirkung der Schamotteformen entstehen. Ihre Gestalten sind gedrungen und vereinfacht. Die Aussage wird durch Körperhaltung und einfache, aber vielsagende Bewegungen verdeutlicht.

An einem 1960 anläßlich des hundertjährigen Bestehens des Landesinstitutes für Meteorologie angefertigten Terrakottarelief baut sie die Ergebnisse ihrer Schamottemodellierungen weiter aus. Das Relief ist unregelmäßig gegliedert, im Mittelpunkt steht der einem mittelalterlichen Mönch ähnliche, modellierte Meteorologe. Die übrigen, Naturelemente verkörpernden Gestalten sind wie auf alten gestochenen Landkarten um die Hauptgestalt gruppiert; zu beiden Seiten blitzetragende laufende Engel als Symbole des Sturms, eine stehende Frauengestalt mit verhülltem Gesicht als Symbol des Nebels, in der oberen linken Ecke ein hornblasender Junge als Symbol des Windes, in der oberen rechten Ecke aber symbolisiert ein Junge, der Wasser aus einem Krug schüttet, den Regen. Im Mittelpunkt des oberen Feldes befindet sich die Sonnenscheibe. Die Inschrift besteht aus ineinander und miteinander verschlungenen Buchstaben. Damit kehrte Margit Kovács zur Ornamentik ihrer Frühwerke zurück, die sie dann gegen Ende der sechziger Jahre wieder in vielen Werken anwandte („Zusammengehörigkeit", 1970).

Am unteren Fries des Reliefs symbolisieren drei Menschenpaare den ewigen Kreislauf des Lebens in der Natur.

Mit dem im Jahre 1961 modellierten Terrakottawandbild „Es gingen zwei Mädchen Blumen pflücken" kehrte die Künstlerin zu dekorativeren Lösungen zurück. Wieder begann sie den Hintergrund mit erhaben konturierten Blumen zu verzieren, um deren Blüten in geschnörkelter Schrift Männernamen geschrieben sind. Auch in ihren Kleinplastiken weckte sie immer wieder Reminiszenzen an ihre eigene künstlerische Vergangenheit, vereinte diese mit ihren neueren Erfahrungen und schritt so, immer experimentierend, vorwärts.

Der um 1956 modellierte „Judaskuß" birgt die Weisheit eines langen Lebens. Das Bauerngesicht Jesu drückt alles aus, was man angesichts des nahenden Todes fühlen kann.

Der „Alte Fischer" (1958), der sein volles Netz mit Mühe ans Ufer zieht, kommt zwar aus den Auen der Theiß, erinnert aber unwillkürlich an den *Alten Mann* Hemingways.

Das Problem des Alterns, der rasch dahinfliehenden „beschwingten Zeit", beschäftigte Margit Kovács seit 1956 immer häufiger. Bereits in den Jahren 1947 bis 1948, bei der Gestaltung des Wandbildes „Parze", setzte sie sich in Gedanken damit auseinander, doch im Fieber eines befreiten Schaffens, des Erfolges und Weltruhms trat das jeder Existenz innewohnende Gesetz des Vergehens in den Hintergrund.

Der Gebrauch der Drehscheibe barg für sie noch viele technische Möglichkeiten, die es zu erforschen galt. Die immer bewegtere, gedrehte Form wird zur äußeren Hülle der menschlich-künstlerischen Botschaft, in der die Menge der Erlebnisse befreienden Ausdruck sucht. Die formalen und die gefühlsmäßigen Elemente in ihren Werken sind aber schwer zu unterscheiden. Die Künstlerin sagte selbst: „Oft verfilzen sie sich derart miteinander, daß es ganz unmöglich wird, sie auseinanderzuhalten. Es kommt vor, daß irgendein Gefühl oder ein Gedanke den ersten Anstoß zu einer Arbeit geben. Dann wieder verdanke ich die Idee einem Stück Ton in meiner Hand. Ein kleines ‚Tonröllchen' genügt mir, um daraus die Skizze zu kneten und zu formen."[79]

Auch die Probleme des Modernen und der Tradition beschäftigten sie dauernd. Die geschlossenere, nach jeder Richtung hin bewegte, dynamisch rhythmische Form verband sie mit dem Formen- und Ornamentenschatz der volkstümlichen Tradition. Die „Madonna mit dem Wickelkind" (1959) und die „Mutter mit hungrigem Kind" (um 1960) knüpfen an die „Stillende Mutter" und die „Spinnerin" an.

Gleichzeitig mit dem Erscheinen ihrer vereinfachten, unglasierten, ungefärbten und rauhen Schamottefiguren suchte sie in einer anderen Gruppe von gedrehten Figuren zeitlose Monumentalität durch vollkommen geschlossene, zu geometrischem Aufbau neigende Formen, die im Gegensatz zu ihren bewegten, runden Formen stehen. Die Themen sind Totenklage, Trauer und Leiden, in Keramik ausgedrückte dramatische Darstellungen. Die schwarzbraune, in ein großes Tuch gehüllte, sitzende Gestalt des „Klageweibes" (1958) in der Form eines Kegelstumpfes vermittelt mit ihrem vor sich hinstarrenden, leeren Blick, ihrer auf den Knien ruhenden sehnigen Hand und der stereotypen Haltung den Eindruck eines tiefen Schmerzes und großer Trauer.

Die 1960 modellierte, stehende „Trauer I" ist leidenschaftlicher und spiegelt die Erschütterung des Schmerzes wider. Auch diese Figur gehört zu den Meisterwerken des „strengen" Stils. Die zylinderförmige Gestalt hüllt sich ganz in ihr großes Tuch ein und verhüllt nach uralter bäuerischer Sitte fast ihr ganzes Haupt. Die Kleiderfalten sind auch hier, wie bei dem „Klageweib" des Jahres 1951, nur durch Einritzen gekennzeichnet. Über den Füßen befindet sich eine plastische Falte. Ebenso sind die Gesichtszüge eingeritzt; nur die Haltung der Hände drückt auf einfachste Weise den erschütternden Schmerz der Gestalt aus. Um 1960 schuf die Künstlerin aus den kugel- und halbku-

gelförmigen Krugformen der Drehscheibentechnik weich gewellte, geschlossen geformte Figuren von klassischer Schönheit. Das technische und kompositionelle Problem von Figurengruppen, die ein Gefäß bilden, beschäftigte sie wieder.

Zwei Meisterwerke gedrehter Plastiken in weich gewellten Gefäßformen sind die beiden Ausführungen der Gruppe „Mariä Heimsuchung" sowie die Werke „Wie nett, dich zu sehen!" (1958) und „In Gedanken versunken" (1960–62).

Mit der großen, komplizierten Figur der zur gleichen Zeit modellierten „Mutter mit hungrigem Kind" kehrte die Künstlerin zu den formalen Lösungen der „Spinnerin" zurück. Die kleine „Bauernmadonna" ist in ihrer Komposition die bewegteste unter allen ihren gedrehten Großplastiken. Hier hat die Künstlerin das Drehen mit freiem Modellieren verbunden. Auch die Konturen sind bewegter als an ihren bisherigen plastischen Kompositionen.

Der figürliche Fries „Mensch und Arbeit" aus Schamotteton war im Jahre 1961 angefertigt worden. Auf dem acht Meter langen Fries erscheinen Adam und Eva im Paradies, die verschiedenen Handwerker, darunter eine neue Variante des „Töpfers", ein Maurer an der Arbeit, ein Zimmermann, ein Müller, ein Goldschmied, aufgehängte Masken, die stellvertretend für alle Künste das Theater symbolisieren sollen, ein Rezitator und ein Musikant. Das Werk war auf der Austellung des ungarischen Kunstgewerbes in Turin ausgestellt und erntete großen Beifall. Der ungarische Staat schenkte es der Stadt Turin, dort befindet es sich jetzt in der Galleria dell'Arte Moderna.

1961 und 1962 erreichte Margit Kovács in ihrer Kunst neue Höhepunkte. Im Jahre 1961 entstand das Hochrelief „Markt" aus Terrakotta, das im Thema und in der Auffassung an den Fries „Mensch und Arbeit" anknüpft. In diesem kleinen Werk gibt sie den Erinnerungen ihrer Kindheit Ausdruck. Eine Hökerin verkauft Äpfel, ein Fischhändler bietet in einem Zelt seine Fische aus einem Weidenkorb an. Dieses Werk ist eine heitere Genreszene aus früheren Jahren, während in unserer modernen Zeit die Stadtbewohner wohl nur mit der Unpersönlichkeit der Supermärkte bekannt sind. Das Relief strömt schmerzliche Erinnerung, Sehnsucht nach Natürlichkeit und nach der Wärme menschlicher Kontakte aus. Margit Kovács beschwört mit ihrer Kunst die versunkene Vergangenheit herauf, die archaisch-konservative Welt des bäuerlichen Lebens. Deshalb schließt sie sich an die mit dem Begriff „Archaismus" bezeichnete Stilrichtung der modernen bildenden Kunst an.

Die unter ihrer großen Last gebeugte „Reisigsammlerin" (um 1962) und das Geflügel verkaufende, auf Käufer wartende, sitzende „Marktweib" (um 1962) in seinem weiten Rock setzen den mit dem „Alten Fischer" und dem „Schlafenden Knaben" beschrittenen Weg fort. Ihre Formen neigen, wie bei den gedrehten Figuren, zu Geschlossenheit und Schlichtheit.

1962 mußte eine großangelegte Ausstellung ihrer Werke wegen des großen Erfolges um zwei Wochen verlängert werden. Mit ihren Arbeiten überzeugte sie nun auch die Kritiker, die in den vergangenen Jahren ihren Schöpfungen gegenüber wiederholt das Problem der Zeitgemäßheit aufgeworfen hatten.

Die Kunst von Margit Kovács ist abgeklärt, ihre Gestalten leben in ihrer eigenen, fast schon klassischen Welt. Die Künstlerin eignete sich von den neuen Stilbestrebungen alles an, was ihrer Natur nahestand Der Prozeß der Anpassung erfolgte in bestimmten Abschnitten, doch prägte er in den Momenten schöpferischer Inspiration dem Material seine unverwechselbaren Kennzeichen auf, und aus der Hand der Künstlerin gingen Meisterwerke hervor, die nur „hier und jetzt" entstehen konnten.

Obwohl ihre Ausstellung Tausende von Besuchern anzog, ihr Künstlerruhm sich in Ungarn und im Ausland immer mehr verbreitete, bekam sie 1962 doch keine Aufträge.[80]

In einem Interview sagt sie 1966 selbst: „Derzeit habe ich keinen Auftrag. Ich will mich aber nicht beklagen. Solche vollkommen ungebundenen Perioden tun gut. Man kann ganz frei, seinen Launen und Ideen folgend, Wandbilder, Figuren oder auch Gefäße schaffen. Diese Perioden der Vorbereitung, des Ausruhens, des Experimentierens bieten die Möglichkeit, daß man sich bei der Arbeit am nächsten Auftrag nicht wiederholt."[81]

Die Künstlerin lebte von den Einnahmen, die ihre vervielfältigten Keramiken brachten, und arbeitete unermüdlich. Sie erweiterte den Rahmen ihrer Kunstgattung und mischte verschiedene Techniken. Die Formen ihrer Figuren wurden immer monumentaler. Ihre Vorstellungskraft wurde in erster Linie von den Schöpfungen der epochemachenden archaischen Kulturen angezogen. So spürt man am „Kentaur" (um 1966) die Inspiration der frühen griechischen Kunst.

Sie schuf aber hin und wieder auch murale Werke. Das im Jahre 1965 entstandene Märchenwandbild „Im Wald", das sich in einem Heim für bewegungsbehinderte Kinder befindet, ist in gemischter Technik aus Kacheln verschiedener Größe teppichartig zusammengefügt und stellt eine Märchenszene dar mit Hirschen, Rehen, Fuchs, Hase, Löwe und einem Knaben, der unter einem Baum Flöte spielt. Damals modellierte Margit Kovács auch ihr Hochrelief „Heidnischer Hain": Faun und Nymphe tanzen im Wald, während ein Kentaur ins Horn bläst. Bei den Baumzweigen im Hintergrund, die in der Art eines Geflechtes ausgeführt wurden, bewährte sich erneut ihre dekorative Phantasie.

Das Schamotterelief „Es träumen der Hirt und die Herde" (1965) ist aus unregelmäßigen Stücken zusammengesetzt und führt den Betrachter in die zeitlose, uralte Welt der Märchen.

Die im letzten Jahrzehnt entstandenen kleinen, ungefähr 50 cm hohen Schamottefiguren künden bereits die Synthese an. Auf das Wesentliche beschränkte Modellierung und expressive Formgebung verbinden sich in ihren nun folgenden Werken — Gestaltungen aus ihrer eigenen Mythologie — zu neuem Leben. Mit Humor, Selbstironie und elegischer Reflexion fand die Künstlerin für ihre Erlebnisse und Gedanken die ihr gemäße Form.

Die ihr eigene, in sich geschlossene Welt entfaltet sich in den Schamottefiguren mit der Buntheit eines Regenbogens. Die „Krankenpflege" (1966), die „Müdigkeit" (1966), die Figur einer sitzenden Frau, die „Garnwicklerinnen" (1966), der im Jahre 1967 modellierte, Laute spielende „David", die 1968 auf der I. Ungarischen Keramikbiennale in Pécs ausgestellte „Kastanienrösterin", die „Nachtwache" (1968), die geschlossene Gruppenkomposition „Geburt" (um 1968), die mit der Technik der gedrehten Form modellierte „Heirat" (um 1968), der dramatische, einheitlich komponierte, fünffigurige „Tod" (um 1968), die „Angler" (1968) und „Mutter und Tochter" (1968), wo die Mutter ihre kniende Tochter tröstend umarmt, sind hervorragende und rührende Schöpfungen ihrer Kunst.

Wieder erscheinen unter ihren Werken die in eine archaische Märchenwelt versetzten biblischen Geschichten, der „Engel, einem Geheimnis lauschend" (1967) und die „Vertreibung aus dem Paradies" (1967).

Bei der meisterhaften fünffigurigen, in straffem Rhythmus komponierten Gruppe „Fischersfrauen" (1968) warten diese Frauen, in böser Vorahnung scheinbar erstarrt, auf ihre fern weilenden Angehörigen. Hier ist auf höherem Niveau das Problem der Formen in Weiterführung des in geometrischen Gebilden dargestellten gedrehten „Klageweibes" gelöst.

Mit ihren letzten Werken erreichte sie eine auf innerem Gehalt beruhende Monumentalität, das Ewigmenschliche findet in unverwechselbaren Formen seinen Ausdruck.

In den Jahren 1969 bis 1970 entstand ihr Wandbild „Stilles Festmahl der Alten". Das in Blauweiß gehaltene Relief erinnert an mittelalterliche Miniaturen und zeigt, voller Mitleid und Liebe zugleich, die verschiedenen Temperamente der um einen L-förmigen Tisch gruppierten Figuren, ihre Traurigkeit über die Nähe des Todes. In der Charakterisierung der Gestalten war sie bestrebt, eine weite Skala von den Lebensgefühlen der Alternden in der ihr gemäßen Formensprache auszudrücken. Der verdichtete Inhalt erforderte eine neue Ausdrucksweise und zwang sie zu neuem kompositionellem Aufbau.

Gegen Ende der sechziger Jahre modellierte sie zu Zylinderformen vereinfachte Figuren aus Schamotte und Terrakotta. Die „Verkündigung III" (1968) bewahrt die naive Andacht der Heiligenfiguren an den gotischen Kathedralen und gerät mit einer Höhe von über 80 cm wieder an die Grenzen der durch die Drehscheibe gebotenen Möglichkeiten. Eine Reihe von Figuren ist in dieser sehr gebundenen, extrem vereinfachten, gedrehten Röhrenform in der Größe von etwa einem Meter entstanden: „Die Welt ist schön" (1968), „Hornbläserin" (um 1968), „Theater" (1969), „Hirten" (1968) und „Philemon und Baucis" (1970).

Da Margit Kovács eine Meisterin der organischen Einheit von Form, Farbe und Ornament ist, sind in ihrer Kunst die dekorativen Bestrebungen und die bildhauerische Formgebung gleich stark. Sie vereinigte plastische Formkunst mit einer eigenständigen dekorativen Welt, und wenn die Synthese in ihrer voraufgehenden Schaffensperiode — z. B. bei den kleinen Schamottefiguren — auch noch nicht völlig erreicht war, so trat doch nun wieder die Lust am Dekor in den Vordergrund. Die zu lange zurückgedrängte Freude am Dekor überwucherte jetzt die Form und lockerte die Komposition. Diese Abschnitte bildeten ein ständiges Auf und Ab in ihrer Entwicklung.

1970 hatte eine Ausstellung der Künstlerin in der Kunsthalle großen Erfolg.

Die Ausstellung zeigte eine Auswahl ihres Schaffens, hauptsächlich Schöpfungen der letzten zehn Jahre. In der Ausstellung „... riß der Reichtum des geernteten Schatzes den Besucher mit sich; tausendfarbige Pracht, spielerische Leichtigkeit, spitzenartige Feinheit kleiner Details auf der einen Seite, andererseits dramatische Kraft, Geschlossenheit und bis aufs Wesentliche vereinfachte Gestaltung der Idee; schwermütige Erinnerungen an ungarische Bauernschnitzereien bei der Gestaltung von Hornbläsern, scheinbar leblose Starre byzantinischer Heiliger an wieder einer anderen Figur, Mystik von Zwiebelkuppeln und herbe und fromme Gottesfurcht von Säulenheiligen mittelalterlicher Dome. Jedes Werk hat seine eigene Art, Gefühle auszudrücken, ist Zeuge eines schöpferischen Reichtums."[82] „In Ton geformtes Leben."[83] „Wir sind Zeugen eines Zaubers."[84] „... die Künstlerin selbst bleibt natürlich uns allen, die wir in ihren Zauberkreis geraten und mit ihr befreundet sind, ewig die phantasiespendende Fee, aber ihre Kunst ist über die Feenwelt hinausgewachsen... In jedem ihrer Werke und in allen Details spiegelt sich die Fülle des Lebens und der Natur wider..." „Ihre Kunst ist wie ein Naturphänomen. Die materielle und ideale Einheit ihres Talentes ist wie ein von Leben strotzender Baum, der von Jahr zu Jahr wächst und sich erneuert, immer neue Äste treibt, immer schönere, wohlriechendere Blüten, immer wohlschmeckendere Früchte trägt — aber im Wesen derselbe Baum bleibt, der einst aus dem Kern der Begabung emporwuchs."[85]

Alles, was die Künstlerin auf ihren Ausstellungen als neue Ergebnisse gezeigt hatte, war schon zu Beginn ihrer Laufbahn im Keim vorhanden gewesen; nicht nur in der Auffassung und Orientierung, sondern sogar in den formal-technischen Lösungen. In ihrer Reifeperiode wurde Margit Kovács zur Meisterin über Material und Gestaltungsmittel. In ihren Figuren „lebt eine Seele, eine zarte, empfindliche menschliche Seele, die sie ihnen eingehaucht hat."[86]

In den sechziger Jahren verfiel die Künstlerin dem Zauber des Städtchens Szentendre, das jetzt ihren Werken im Vastagh-Haus eine dauernde Wohnstätte einrichtete. Unter dem Einfluß von Szentendre wandelte sich ihre Erlebniswelt. Die schwermütigen Heiligen der Ikonen, die provin-

ziellen Christus-Statuen wurden in der Kunst von Margit Kovács zu naiv duldenden hinfälligen Menschen.

Die Epoche der Zusammenfassung ihres Œuvres begann im Zeichen von Szentendre. Alle Stilmerkmale ihrer Jugend kehrten wieder, abgeklärt, auf einer höheren Stufe formaler Vollendung. Der Expressionismus ihrer frühen Formen verwandelte sich an den Schamottefiguren in fast grobe, ausschnittartige Dramatik, die Jaschiksche dekorative Inspiration nimmt an den wenigen Gefäßen mit Menschenfiguren („Sirenen" [1968/69], „Odysseus" [1967]) einen grotesken Charakter an oder zeitigt durchbrochene, spitzenartige Verzierungen („Königliche Verlobung" [1969], „Tanz der Salome" [1969], „Die gute und die böse Fee" [1970]); die Vereinfachung der Figuren findet ihren Höhepunkt in verschiedenen, dem Himmel zustrebenden, geometrisch säulenartigen Gestalten: „Hornbläserin" (1968–70), „Böse alte Weiber" (1967), „Verkündigung III" (1968) und „Trauerrede" (1970).

Der körperlosen, gotisch wirkenden Streckung ihrer gedrehten großen Formen — die künstlerische Art, in der Margit Kovács die extreme Abstraktion ihrer lyrischen Botschaft zum Ausdruck bringt — werden in der plastischen Kunst ihrer kleineren Schamottefiguren und ihrer Wandbilder die gedrungenen, verkürzten Formen des frühen Mittelalters in der für Margit Kovács typischen Art der Umgestaltung gegenübergestellt. In dieser Umformung, so faßt Máté Major zusammen, sei: „... das Naive um eine Nuance naiver, das Groteske ein klein wenig grotesker, das Eckige eckiger und das Runde runder. Nur um so viel mehr und anders, daß es doch auch heute aktuell, mit dem Ganzen eins bleibt und den Stempel einer einzigen Künstlerpersönlichkeit trägt."[87]

Am „Nächtlichen Waldeszauber" (1969) und dem von Bartók inspirierten Flachrelief „Cantata Profana" (1969/70) stilisiert sie das Wesentliche und setzt ihre Erlebnisse in flächenhafte Ornamentik um. Im ersten Werk erreicht sie ihr Ziel, indem sie Bäume und Tiere mit Menschengesichtern versieht, im zweiten durch Rhythmisierung der abstrakt dargestellten Hirsche.

Die Umdeutung geometrischer Formen — Zylinder, Kegel und Kugeln — in Figuren wird an ihren neuesten Werken verwirklicht. An der von den serbischen Kirchen Szentendres angeregten Plastik „Patronin der Zwiebeltürme" (1968), am formal bravourös gelösten Werk „Hommage à Szentendre" (1968), am 1972 modellierten „Oh, Venedig" und an der „Sitzenden Madonna" leben die aus dem Byzantinischen übernommenen Formen ihrer Jugendzeit wieder auf.

Die 1972 modellierte, auf einem Thron sitzende und eine stilisierte Krone tragende „Sitzende Madonna" war für die Burg von Buda bestimmt. Es existieren davon zwei Varianten, die eine in der unverhältnismäßig langgezogenen, gotisierenden Auffassung ihrer neuen Figuren („Gotische Madonna"), die andere im Geiste der serbischen Ikonen Szentendres. Als man die Statuen an ihren Aufstellungsort brachte, entstand, wie Margit Kovács sagt:

„um die Schlanke ein Luftraum, die kleine Fülligere aber fügte sich so liebenswürdig in die Umgebung ein, als ob sie schon immer dort gewesen wäre."

Seit 1967 wurden ihre Figuren ständig länger, die kleinen Köpfe betonen immer mehr das Typische, nämlich charakteristische psychische Verhaltungsweisen. Die Gesichtszüge sind nur durch einige eingeritzte Linien angedeutet, doch drücken diese eine ganze Menschenerfahrung, ein ganzes menschliches Schicksal aus. Den Bruch mit den fünfziger Jahren zeigt auch die Wandlung in der Gestaltung des psychischen Zustandes ihrer Figuren an. Diese Gestalten sind meist nachdenklich, traurig, verlassen, und selbst in ihre Freuden mischen sich immer mehr elegische Untertöne. („Bettlerin mit Vergißmeinnichtaugen" [1970], „Sonntag" [1973].)

Die Fähigkeit der Künstlerin, zu charakterisieren und Seelenzustände zu schildern, wurde mit den Jahren immer tiefer und vielschichtiger.

Die Bewegung ihrer gotisierenden Gestalten ist auf ein Minimum reduziert, die Silhouetten sind geschlossen, wenn man sie frontal anblickt, erinnern sie an ägyptische Statuen. Sie haben allein Kopf und Hände, der Körper ist nur angedeutet. Farben werden an Margit Kovács' Werken immer seltener, oft fehlen sie ganz, wenn es welche gibt, sind sie fein und unauffällig. Ihre Pastellnuancen deuten die Formen, den weichen Faltenwurf nur an und bringen etwas Bewegung in die immer blockartigeren Figuren. Deckglasuren wurden wenig verwendet, sie kommen nur dort vor, wo die Ornamentik eine Rolle spielt, wie zum Beispiel an Kleidersäumen, an den Kronen usw. Die beliebteste Farbenharmonie ist Gelb und Türkis. Bei der Formung der Gesichter und der Augen kehrte die Künstlerin mit dem Ausmalen der Pupillen und des Mundes zu ihrer alten Technik zurück.

Die besten Schöpfungen erreichen durch dieses künstlerische Verfahren erschütternde Kraft, wie die „Trauerrede" (1970), in welcher der Augenblick zu Zeitlosigkeit erstarrt und die Gewalt des schmerzhaften Vergehens zum Ausdruck kommt.

Die Formenlösungen der ersten expressiven Periode ihrer künstlerischen Entwicklung werden an ihrer letzten Reliefserie wiederaufgenommen und um frische Assoziationen bereichert. Es handelt sich um den aus zehn Hochreliefs zusammengesetzten monumentalen Fries mit Darstellungen aus der Stadt Győr. In meisterhaft zusammengefaßter Komposition verewigte sie die hervorragendsten Ereignisse aus der Geschichte der uralten Stadt. Die Reliefserie muß aus der Nähe betrachtet werden, sie erinnert an Reliefs an romanischen Domen.

Margit Kovács hat sich bis zu ihrem Tod eine große Anpassungsfähigkeit bewahrt. Sie schöpfte aus der Kunst des christlichen Mittelalters, aus der Kunst von Byzanz, aber auch aus den Bestrebungen ihrer Zeitgenossen. Sie wählte bewußt aus der Tradition und nutzte ihre so gewonnenen künstlerischen Methoden zur Abbildung des gegenwärtigen Lebens. Ihre neue Reliefserie erhält ihre dynamische Spannung aus dem Gegensatz von alter und neuer Formgebung. Wenn sie Augenblicke des Kampfes, der Arbeit, der Trauer und der Freude darstellte, konnte sie auf eine reiche Skala von Gefühlen zurückgreifen, hat sie doch die Welt immer eher gefühlsmäßig als intellektuell erlebt.

An einem ihrer letzten Werke fällt auch die Synthese in den Dekorationen auf. Die Gitter, die die einzelnen Reliefs der Győrer Serie voneinander trennen, bestehen aus Streifen mit jeweils vier Lochreihen. Sie sind ein Beispiel für die harmonische Vereinigung der künstlerischen Lösung neuer geometrischer Tendenzen mit der durchbrochenen Arbeit früherer Blumentöpfe und Lampen. Auch an den Gefäßen der letzten Jahrzehnte kann diese Synthese von Form und symbolischem Gehalt beobachtet werden.

Die Schalen, Krüge, Vasen und gedrehten Tierplastiken Margit Kovács' sind in erster Linie dekorativer Schmuck für Wohnungen, ihr praktischer Verwendungszweck spielt nur eine untergeordnete Rolle.

Seit der Ausstellung in der Tamás-Galerie (1935) zeichnen sich ihre Gefäße durch zunehmende Vielfalt, großen und charakteristisch individuellen Formen- und Farbenreichtum sowie durch eine verstärkte Neigung zum Dekorativen aus. Diese Merkmale ihrer Kunst haben sich im Laufe der Jahrzehnte vertieft.

Besonders kennzeichnend für ihr Œuvre sind die auf der Drehscheibe geformten Gegenstände, bei denen sie Menschen- und Tierfiguren vereinigt. Durch gewagte Formenverbindungen wird oft eine bizarre Wirkung erweckt („Kamelreiter" [1959]). Ein frühes Beispiel für diese Tendenz, das zugleich noch Elemente des Funktionalismus zeigt, ist der prächtige Krug „Fluctuat nec mergitur" (1948/49). Dieser Krug stellt eine Barke auf bewegter See dar, von deren Bugspitze die gedrehte Gestalt einer Nixe in die Ferne späht.

Unter den gedrehten Figuren überwiegen die Tierdarstellungen. Die gedrehten Tierplastiken der fünfziger Jahre, der „Stier", die „Ente", die „Taube", werden im „Drachen" und in der immer wiederkehrenden Löwengestalt fortgesetzt. Das Vorbild des „Zähnefletschenden Löwen" (1957) findet sich unter ihren ersten gedrehten Werken, und diese plastische Idee taucht in dem kleinformatigen „Löwen" des Jahres 1950 erneut auf.

Auf dem Boden der Schalen modelliert sie Hochreliefs, so daß sich diese neuen Werke an die Nischenreliefs anschließen und deren plastische Aussage weiterentwickeln. Die Ränder sind breit und flach, mit stark dekorativen, gemalten oder plastischen Aufschriften, die auf den Inhalt hinweisen.

Hohen Wert hat die zur Erinnerung an den vierzigsten Hochzeitstag von Gyula Kaesz und Kató Lukáts modellierte Schale. Mit Gyula Kaesz, der an hervorragender Stelle dazu beitrug, das ungarische Kunstgewerbe auf europäisches Niveau zu heben, und seiner Frau Kató Lukáts, die sich in der angewandten Graphik und der Illustration große Verdienste erwarb, verband Margit Kovács enge und lange Freundschaft. Erinnerung und echte Zuneigung haben ihre Hand geführt, als sie die Schale mit der biblischen Geschichte des ersten Menschenpaars Adam und Eva der Darstellung des uralten Symbols der Ehe widmete. Den breiten glatten Rand trennt ein erhabener Lorbeerkranz vom Boden der Schale. Die Rundkomposition, die starke Licht- und Schattenwirkung des Hochreliefs lassen Erinnerungen an die lyrisch-zarten Darstellungen ihrer ersten Periode, so an das im Jahre 1929 modellierte „Paradies", aufkommen. Auch hier steht im Mittelpunkt des Reliefs der Apfelbaum des Gartens Eden, die sich an ihm hinaufwindende Schlange symbolisiert aber das Schicksal. Adam und Eva sind in ihrer Unbeholfenheit noch zerbrechlicher und etwas eckiger als im „Paradies" modelliert und symbolisieren dahinfliehende Jugend und Liebe. „Vater und Sohn mit Esel" (1968–70) folgt in Form und Komposition der „Kaesz-Gedenkschale", mit dem Unterschied, daß die Aufschrift auf dem breiten Rand nicht modelliert, sondern gemalt ist. Die modellierten Frauenköpfe zwischen den Buchstaben bringen den Inhalt des Märchens, was die Menschen von dem auf dem Esel reitenden Vater und seinem Sohn halten, zum Ausdruck. Die Szene selbst ist auf dem Boden der Schale zu sehen, die Darstellung neigt ins Groteske und ist stark karikiert. Bei der Zeichnung der Buchstaben an der „Schale mit Eidechse" (1949) folgte die Künstlerin in der Linienführung wogenden Grashalmen.

Die dreifigurige Rundkomposition „Seid gut zueinander!" (1966) ist mit den in vielfachem Rhythmus verbundenen Gestalten der sitzenden Mutter mit ihren beiden Kindern eine meisterhafte Weiterentwicklung früherer Renaissancekompositionen. Doch im Gegensatz zu deren ruhiger Harmonie ist bei Margit Kovács alles in Bewegung und Schwingung, da sich die einzelnen Formen bei ihr durch Wellenlinien aneinanderschließen, eine Gestaltungsweise, die sie oft anwandte, wie in dem Nischenrelief „Noah und seine Frau", in diesem ergreifenden, mehrere Bedeutungsschichten tragenden Werk aus den siebziger Jahren.

„Seid gut zueinander!" und „Noah und seine Frau" sind Symbole der überlebenden Menschheit und Hinweise auf das gefährdete Dasein in unserer Zeit. Wie die meisten Werke Margit Kovács' verkünden sie den Glauben, den Gyula Illyés so ausdrückt: „Die Welt ist nicht verloren, wir müssen ausharren. Seelisch sind wir gebrochen, unser Glaube liegt in Trümmern, die berühmten Steintafeln sind zerschmettert, und doch muß man darauf vertrauen, daß aus den Trümmerstücken die Welt wieder zusammengefügt werden kann...", „daß wir immer und bis ans Ende Herr über die Materie und den Tod werden können...", „daß die Zukunft uns, dem Menschengeschlecht, gehört." Margit Kovács bekannte sich mit ihrer allumfassenden Kunst voll tiefstem Humanismus und echtem nationalem Gefühl zu den Schicksalsfragen ihres Volkes.

*

Margit Kovács ist am 4. Juni 1977, nach Erscheinen der ersten Ausgabe dieses Buches, im Alter von 75 Jahren gestorben.

Sie verfügte über eine unbegrenzte Schaffenskraft und arbeitete fast bis zu ihrem Tode, ihr Beruf war ihr ein und alles. Die Künstlerin selbst formulierte es kurz vor ihrem Tode so mit ergreifender Einfachheit: „Der Ton ist mein tägliches Brot, meine Freude und mein Leid. Schon bei der ersten Begegnung mit dem Ton wurde er zum Element meines Lebens. Seitdem ist er die Quelle meines höchsten Glücks und meiner tiefsten Hoffnungslosigkeit."

Ihr letztes Werk waren die Kreuzwegstationen der römisch-katholischen Kirche von Hollóháza, mit welchem sie sich — jenseits von Gut und Böse — von dem einzigen und unwiederbringlich verlorenen Leben verabschiedet. Weil sie Künstlerin und einsam — schon sehr einsam — war, gestaltete sie, ihren eigenen Tod vor Augen, in der Leidensgeschichte Jesu ihren eigenen Kreuzweg, ihr Schicksal mit den Ängsten, dem Schmerz und der an guten Tagen aufschimmernden Hoffnung.

Budapest, April 1978   *Ilona Pataky-Brestyánszky*

Anmerkungen

1 PÓK, LAJOS: *A szecesszió* [Der Jugendstil]. Budapest 1972, S. 65.

2 NÉMETH, LAJOS: *A művészet sorsfordulója* [Die Schicksalswende der Kunst]. Budapest 1970, S. 30.

3 VAS, ISTVÁN: *Nehéz szerelem* [Schwere Liebe]. Budapest 1963, S. 15.

4 [PATAKY] BRESTYÁNSZKY, ILONA: *Modern magyar kerámia* [Moderne ungarische Keramik]. Budapest 1965, S. 48.

5 PATAKY, D.-NÉ [BRESTYÁNSZKY, I.]: *A Zsolnay kerámia* [Die Zsolnay-Keramik]. Budapest 1955, S. 8.

6 PATAKY, D.-NÉ [BRESTYÁNSZKY, I.]: ebenda, S. 10.

7—18 [PATAKY] BRESTYÁNSZKY, ILONA: *Modern magyar kerámia* [Moderne ungarische Keramik]. S. 6—9.

19 RADNAI—SZÖRÉNYI, I.: *Sèvres-től és Koppenhágától a komáromi új templomig* [Von Sèvres und Kopenhagen bis zur neuen Kirche in Komárom]. *Új Magyarság,* 26. Juli 1936, S. 15.

20 B. I.: „Minél több embernek örömet szerezni" [Soviel Menschen als möglich Freude bereiten]. *Magyar Nemzet,* 2. Juli 1950.

21 F. J.: „Simon György J. kiállítása" [Die Ausstellung von György J. Simon]. *Pesti Hírlap,* 3. Dezember 1929.

22 *398. Gruppenausstellung.* Juni 1928, Nationalsalon.

23, 24 *Magyar Iparművészet* (1929), S. 58.

25 ANDOCSY, G.: „A magyar iparművészet nehéz napjai" [Die schweren Tage des ungarischen Kunstgewerbes]. *Magyar Iparművészet* (1929), S. 185.

26 *Magyar Iparművészet* (1929), S. 82.

27 KÖRNER, ÉVA: *Derkovits.* Budapest 1968, S. 18.

28 FARKAS, E.: „Új forma" [Neue Form]. *Magyar Iparművészet* (1929), S. 8.

29 *Magyar Iparművészet* (1930), S. 135.

30 PÓK, LAJOS: a. a. O. S. 442.

31 *Magyar Iparművészet* (1930), S. 121.

32 *Magyar Iparművészet* (1930), S. 74—76.

33 *Magyar Iparművészet* (1931), S. 7—8.

34 PÓK, LAJOS: a. a. O. S. 420.

35 PÓK, LAJOS: a. a. O. S. 478.

36 PÓK, LAJOS: a. a. O. S. 432.

37, 38 PÓK, LAJOS: a. a. O. S. 411.

39, 40 VARGA, J.: „Iparügyi miniszter beszéde 1942-ben az első magyar keramikai kiállítás megnyitóján" [Die Eröffnungsrede des Ministers für Industrie auf der ersten ungarischen Keramikausstellung im Jahre 1942]. *Magyar Iparművészet* (1943), S. 40.

41 Aus dem Material des Fotoarchivs von Ferenc Haár. Durch freundliche Vermittlung von Lajos Lengyel.

42 RUFFY, PÉTER: „Egy magyar művész" [Eine ungarische Künstlerin]. *Asszonyok,* 14. Mai 1964, S. 12.

43 M. I.: „Kovács Margit keramikai kiállítása a Tamás Galériában [Die Keramikausstellung von Margit Kovács in der Tamás-Galerie]. *Magyarország,* 24. November 1935.

44, 45 „Kovács Margit keramikus" [Die Keramikerin Margit Kovács]. *Magyar Iparművészet* (1935), S. 251.

46, 47 Aus dem Material des Fotoarchivs von Ferenc Haár.

48, 49 MIHALIK, SÁNDOR: „Az iparművészet Magyarországon" [Das Kunstgewerbe in Ungarn]. *Magyar Iparművészet* (1937), S. 224.

50 F. I.: Artikel in *Pesti Hírlap,* 18. Dezember 1938.

51 „Három művész a Tamás Galériában" [Drei Künstler in der Tamás-Galerie]. *Esti Kurír,* 13. Dezember 1938.

52, 53 Zitierter Artikel in *Új Magyarság,* 26. Juli 1936.

54 R. P.: „Az élő magyar kerámia seregszemléje" [Heerschau der zeitgenössischen ungarischen Keramik]. *Magyarország,* 6. November 1942.

55 *Magyar Iparművészet* (1942), S. 41.

56 *Új Magyarság,* 31. März 1942.

57, 58 MIHALIK, SÁNDOR: „Kovács Margit." *Magyar Iparművészet* (1943), S. 92.

59 „Egyházművészet a lakásban" [Sakrale Kunst in der Wohnung]. Budapest 1944, Ausstellungskatalog.

60 BOBROVSZKY, IDA: *Kovács Margit.* Budapest 1961, S. 19.

61 B. I.: Zitierter Artikel in *Magyar Nemzet,* 2. Juli 1950.

62 K. M.: „Minden erőmmel és képességemmel" [Mit all meiner Kraft und Fähigkeit]. *Magyar Nap,* 30. Mai 1948.

63 DOMANOVSZKY, GYÖRGY: „Kerámiánk mai helyzete. I. nemzedék" [Die heutige Lage unserer keramischen Kunst. I. Generation]. *Művészet,* 1964.

64 GÁCH, MARIANNE: „Egy óra Kovács Margittal" [Eine Stunde mit Margit Kovács]. *Magyar Nemzet,* Juli 1953.

65 RÉNYI, PÉTER: Artikel in *Szabad Nép,* 17. Juli 1953. S. 7.

66 B. I.: Zitierter Artikel in *Magyar Nemzet,* 2. Juli 1950.

67 ARADI NÓRA: *Daumier, Derkovits és utódaik* [Daumier, Derkovits und ihre Nachfolger]. Budapest 1968, S. 319.

68 NOBEL, F.: „Kovács Margit új alkotása" [Ein neues Werk von Margit Kovács]. *Építés — Építészet* (1950), 5.

69 FRANK, J.: „Kovács Margitnál" [Bei Margit Kovács]. *Élet és Irodalom,* 5. Februar 1966.

70 BOJÁR, I.: „Szerelme a mesterség" [Ihre Liebe ist ihr Beruf]. *Magyar Hírlap,* 30. November 1972.

71 NÁDAS, P.: „Ön kivel készítene interjút? Kovács Margittal" [Wen würden sie interviewen? Margit Kovács]. *Pest megyei Hírlap,* 29. Januar 1967.

72 RÉNYI, PÉTER: Zitierter Artikel in *Szabad Nép.*

73, 74 B. I.: Zitierter Artikel in *Magyar Nemzet,* 2. Juli 1950.

75 BOLDIZSÁR, IVÁN: „A tündér" [Die Fee]. *Tükör*, 12. März 1962.

76, 77 FÖLDES, ANNA: „Útmutatás a szigorúsághoz" [Wegweiser zur Strenge]. *Nők Lapja,* November 1966.

78 BOJÁR, IVÁN: Zitierter Artikel in *Magyar Hírlap*.

79 FÖLDES, ANNA: Zitierter Artikel in *Nők Lapja*.

80 KAESZ, GYULA: „Kovács Margit kerámiakiállítása az Ernst Múzeumban" [Die Keramikausstellung von Margit Kovács im Ernst-Museum]. *Magyar Nemzet,* 15. April 1962.

81 FÖLDES, ANNA: Zitierter Artikel in *Nők Lapja*.

82 [PATAKY] BRESTYÁNSZKY, ILONA: „Kovács Margitról" [Über Margit Kovács]. *Művészet,* November 1970.

83 HAMAR, I.: „Agyagba formált élet" [In Ton geformtes Leben]. *Kisalföld,* 20. März 1971.

84 MEDVE, IMOLA: „Varázslat tanúi vagyunk" [Wir sind Zeugen eines Zaubers]. *Kisalföld,* 1. August 1971.

85, 86 BOLDIZSÁR, IVÁN: Zitierter Artikel in *Tükör*.

87 MAJOR, MÁTÉ: „Kovács Margit keramikusművész kiállítása" [Die Ausstellung der Keramikerin Margit Kovács]. Katalog, Vorwort. 1970, S. 2.

Literatur

BAHR, H.: *Secession*. Wien 1900.

BOBROVSZKY, I.: *Kovács Margit*. Budapest 1961.

COX, E.: *Pottery and Porcelain*. New York 1959.

CRANE, W.: *Line and Form*. London 1900.

CREMONA, I.: *Il tempo dell' Art Nouveau*. Florenz 1904.

CSÁNYI, K.: *A magyar kerámia és porcelán története és jegyei* [Geschichte und Merkmale der ungarischen Keramik und des Porzellans]. Budapest 1954.

DOBROVITS, A.: Gádor István művészete [Die Kunst von István Gádor]. *Az Iparművészeti Múzeum évkönyvei* II. [Jahrbuch des Museums für Kunstgewerbe II]. Budapest 1955, S. 186.

FARÉ, M.: *La Céramique contemporaine*. Paris 1953.

FEUCHTMÜLLER, R.—MRAZEK, W.: *Kunst in Österreich 1860—1918*. Wien 1964.

HAGGAR, R. G.: *Recent Ceramic Sculpture in Great Britain*. London 1946.

HAGGAR, R. G.: *A Concise History of Ceramic Art*. London 1959.

HETTES, K.—RADA, P.: *Moderne Keramik*. Prag 1956.

HOFSTÄTTER, H. H.: *Geschichte der europäischen Jugendstilmalerei*. Köln 1963.

KARDOS, E.—VAYER, L.: *Mostra di Margit Kovács ceramista*. Rom 1959.

KATONA, I.: „Modern iparművészetünk néhány kérdése" [Einige Fragen des modernen ungarischen Kunstgewerbes]. *Művészettörténeti Értesítő* (1970), 4, S. 278—280.

KATONA, I.: *Gorka Géza*. Budapest 1971.

KOCZOGH, Á.: „The Art of M. Kovács". *The New Hungarian Quarterly*, Budapest (1970), S. 184—185.

KONTHA, S.: „A politikai-ideológiai áramlatok hatása. (Különös tekintettel a szobrászatra.) A magyar képzőművészet a két világháború között" [Die Wirkung der politisch-ideologischen Strömungen. Unter besonderer Berücksichtigung der Plastik. Die ungarische bildende Kunst zwischen den zwei Weltkriegen]. *Művészettörténeti Értesítő* (1973), 2, S. 113—116. Sonderdruck.

KOÓS, J.: „A Wiener Werkstätte: 1903—1932" [Die Wiener Werkstätte: 1903—1932]. *Művészettörténeti Értesítő* (1968), 1—2, S. 43—53.

KOÓS, J.: „Parallele Erscheinungen in der Tätigkeit der Wiener Werkstätte und der Budapester Werkstatt (Budapesti Műhely)." *Az Iparművészeti Múzeum Évkönyvei* VIII. [Jahrbuch des Museums für Kunstgewerbe VIII]. S. 51—82.

KOÓS, J.: „Az ‚Art Deco' néhány sajátossága. A magyar képzőművészet a két világháború között" [Einige Charakteristika des „Art Deco". Die ungarische bildende Kunst zwischen den zwei Weltkriegen]. *Művészettörténeti Értesítő* (1973), 2, S. 138—193. Sonderdruck.

MADSEN—TSCHUDI, S.: *The Sources of Art Nouveau*. Oslo 1955.

MAJOR, M.: *Kovács Margit keramikusművész kiállítása* [Die Ausstellung der Keramikerin Margit Kovács]. (Katalog, Vorwort.) Budapest, Műcsarnok 1970.

MAJOR, M.: „Magyar építészet a két világháború között. Magyar képzőművészet a két világháború között" [Die ungarische Architektur zwischen den zwei Weltkriegen. Die ungarische bildende Kunst zwischen den zwei Weltkriegen]. *Művészettörténeti Értesítő* (1973) 2, S. 98—109. Sonderdruck.

Modern Hungarian Ceramics at the Royal Festival Hall. (Ausstellungskatalog.) London, September 1963.

MUCHA, A.: *Documents décoratifs*. Paris 1902.

OELMACHER, A.: *Kovács Margit gyűjteményes kiállítása* [Retrospektive Ausstellung von Margit Kovács]. Katalog. Budapest 1942.

OELMACHER, A.: *Kovács Margit gyűjteményes kiállítása* [Retrospektive Ausstellung von Margit Kovács]. Katalog. Budapest 1953.

OELMACHER, A.: „Kovács Margit". *Művészet* VIII (1962), S. 40.

[FRAU] D. PATAKY [BRESTYÁNSZKY I.]: *A Zsolnay kerámia* [Die Zsolnay-Keramik]. Budapest 1955.

P. BRESTYÁNSZKY, I. [BRESTYÁNSZKY I.]: *La moderna ceramica ungherese*. Faenza 1964, S. 130—132.

P. BRESTYÁNSZKY, I. [BRESTYÁNSZKY I.]: *Modern magyar kerámia* [Moderne ungarische Keramik]. Budapest 1965.

P. BRESTYÁNSZKY, I. [BRESTYÁNSZKY I.]: *Ungheria (Mostra di ceramica...)*. Rom 1965.

P. BRESTYÁNSZKY, I.: *Ismerjük meg a kerámiát!* [Lernen wir die Keramik kennen!]. Budapest 1966.

P. BRESTYÁNSZKY, I.: „The Ceramics of István Gádor." *The New Hungarian Quarterly* III, 6, S. 214—218.

P. BRESTYÁNSZKY, I.: „Kovács Margitról" [Über Margit Kovács]. *Művészet* XI (1970).

P. BRESTYÁNSZKY, I.: „Poézis, tradíció, modernség" [Poesie, Tradition, Modernität]. *Művészet* VII (1973).

PEVSNER, N.: *Pioneers of Modern Design*. London 1949.

POGÁNY, F.: „Iparművészetünk a két világháború között. A magyar képzőművészet a két világháború között" [Das ungarische Kunstgewerbe zwischen den zwei Weltkriegen. Die ungarische bildende Kunst zwischen den zwei Weltkriegen]. *Művészettörténeti Értesítő* (1973), 2, S. 127—130. Sonderdruck.

PÓK, L.: *A szecesszió* [Der Jugendstil]. Budapest 1972.

ROMVÁRY, F.: *I. Országos Kerámia Biennálé, Pécs, 1968* [Erste Ungarische Keramik-Biennale in Pécs, 1968]. Pécs 1968.

RUSKIN, J.: *The Stones of Venice*. 1851—53.

WAGNER, O.: „Die Kunst der Gegenwart." *Ver Sacrum*, Band III, Wien, 1900.

Wiener Werkstätte. Modernes Kunsthandwerk 1903—1932. Kat. Nr. 49. Wien 1967, Östr. Museum für Angewandte Kunst.

YBL, E.: „A szecesszió jelentősége" [Die Bedeutung des Jugendstils]. *Emlékkönyv Lyka Károly hetvenötödik születésnapjára* [Gedenkschrift zum 75. Geburtstag von Károly Lyka]. Budapest 1944.

Wichtige Ausstellungen und Auszeichnungen

1928 398. Gruppenausstellung im Budapester
Nationalsalon

1930 IV. Internationale Kunstgewerbeausstellung.
Monza. Anerkennungsurkunde

1930 Weihnachtsausstellung des Kunstgewerbevereins

1932 Ausstellung des Ungarischen Kunstgewerbevereins

1933 IV. Triennale. Mailand. Silbermedaille

1935 Weltausstellung. Brüssel

1935 Retrospektive Ausstellung. Budapest.
Tamás-Galerie

1935 Jubiläumsausstellung des Kunstgewerbes.
Budapest. Anerkennungsurkunde

1936 V. Triennale. Mailand. Goldmedaille

1936 Ausstellung der ungarischen Volkskunst, Heimin-
dustrie und des Kunstgewerbes. Helsinki

1937 Weltausstellung. Paris. Anerkennungsurkunde

1937 Ausstellung der Ungarischen Landesvereinigung
für Kunstgewerbe. Budapest. Silbermedaille

1938 Kollektivausstellung. Budapest

1938 I. Landesausstellung für Kunstgewerbe. Budapest.
Goldmedaille

1938 Internationale Kunstgewerbeausstellung. Berlin.
Goldmedaille

1938 Kollektivausstellung. Budapest. Tamás-Galerie.
Mit István Pekáry und Lajos Erdős

1939 VI. Triennale. Mailand. Silbermedaille

1940 VII. Internationale Ausstellung. Mailand.
Silbermedaille

1942 Retrospektive Ausstellung. Budapest.
Tamás-Galerie

1944 Ausstellung „Sakrale Kunst in der Wohnung".
Budapest

1948 Retrospektive Ausstellung. Budapest.
Adolf-Fényes-Saal

1948 Kossuthpreis

1952 I. Kunstgewerbeausstellung. Budapest

1953 Retrospektive Ausstellung im Budapester
Nationalsalon

1953 Auszeichnung Verdienter Künstler der Ungarischen
Volksrepublik

1955 Volkskunst- und Kunstgewerbeausstellung zum
10. Jahrestag der Befreiung. 1. Preis

1958 Weltausstellung. Brüssel. Grand Prix

1958 Teilnahme an der ungarischen Ausstellung auf der
Biennale in Venedig

1959 Retrospektive Ausstellung. Rom, Ungarisches
Institut

1959 Internationale Keramikausstellung. Ostende

1959 Auszeichnung Hervorragender Künstler der
Ungarischen Volksrepublik

1961 Ungarische Kunstgewerbeausstellung. Turin

1962 Retrospektive Ausstellung. Budapest,
Ernst-Museum

1962 Verdienstmedaille

1962 Internationale Keramikausstellung. Prag.
Silbermedaille

1963 Moderne Ungarische Keramikausstellung. London

1965 V. Landesausstellung für Kunstgewerbe. Budapest,
Kunsthalle

1968 II. Keramik-Biennale in Pécs

1970 Retrospektive Ausstellung. Kunsthalle

1971 Retrospektive Ausstellung. Győr

1971 Ehrenbürger von Győr

1972 Verdienstmedaille in Gold

1973 Für den Bezirk Pest. Verdienstmedaille

Sankt Georg (s. Abb. 79) 1

Sankt Georg der Drachentöter (s. Abb. 80) 2

Das Abendmahl (s. Abb. 82) *3*

Maria mit dem Kind (Ausschnitt; s. Abb. 84) 4

Gugelhupfmadonna (s. Abb. 7)   5

Adam und Eva (s. Abb. 85) *6*

Anbetung der Heiligen Drei Könige (Ausschnitt; s. Abb. 86)

Säulenengel (s. Abb. 12) *9*

Madonna wickelt das Kind (s. Abb. 13) **10**

Prinzessin (s. Abb. 14) 11

Nischenrelief Sankt Michael (s. Abb. 88) *12*

Mann mit Lamm (s. Abb. 17) **13**

Kruzifix (s. Abb. 19) 14

Stillende Mutter (s. Abb. 20) *15*

Stillende Mutter (Ausschnitt; s. Abb. 20) *16*

Meine Mutter (s. Abb. 21) 17

Werbung (s. Abb. 22) *18*   *Dame* (s. Abb. 23) *19*

Dame (Ausschnitt; s. Abb. 23) *20*

Krug — „Fluctuat nec mergitur" (s. Abb. 134) *21*

Krug — „Fluctuat nec mergitur" (Ausschnitt; s. Abb. 134) *22*

Schale mit Eidechse (s. Abb. 135) **23**

Schale mit Geier (s. Abb. 136) *24*

Märchen (Ausschnitt; s. Abb. 90) *25*

Weißer Krug mit blauen Blumen (s. Abb. 137) *26*

Brotanschneidendes Mädchen (s. Abb. 25) *27*

Brotanschneidendes Mädchen (Ausschnitt; s. Abb. 25)

Familien-Fotoalbum (s. Abb. 26) **29**

Eselreiter (s. Abb. 27) *30*

Brautpaar beim Fotografen (s. Abb. 28) *31*

Spinnerin (s. Abb. 29) 32

Margot (s. Abb. 30) 𝓩𝓩

Ofen mit Hochzeitsszenen (s. Abb. 96) *34*

Baumwollpflückerinnen (s. Abb. 100) 35

Hochzeit (s. Abb. 102) *36*

Schweinehirt (s. Abb. 33) **37**

Dame beim Kämmen (s. Abb. 34) 38

Alter Flurwächter (s. Abb. 36) **39**

Alter Flurwächter (Ausschnitt; s. Abb. 36) *40*

Parzen (s. Abb. 40) 42

Zum heimlichen Rendezvous (s. Abb. 44) *43*

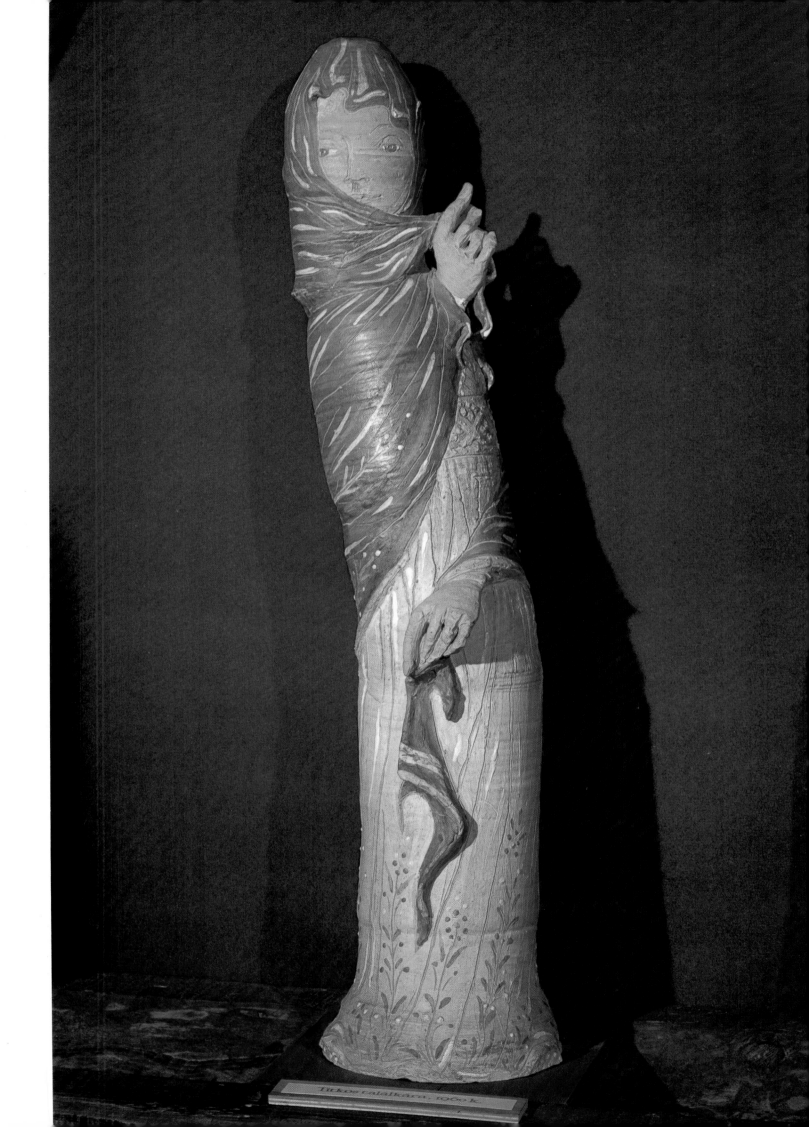

Titkos találkára · 1960k.

Große Familie (s. Abb. 108) *44*

Umarmung (s. Abb. 109) **45**

Gedenkschale zum 40. Hochzeitstag von Gyula Kaesz und seiner Ehefrau
(s. Abb. 111)

46

Mädchen mit Krug (s. Abb. 50) *47*

Mädchen mit Krug (Ausschnitt; s. Abb. 50)   48

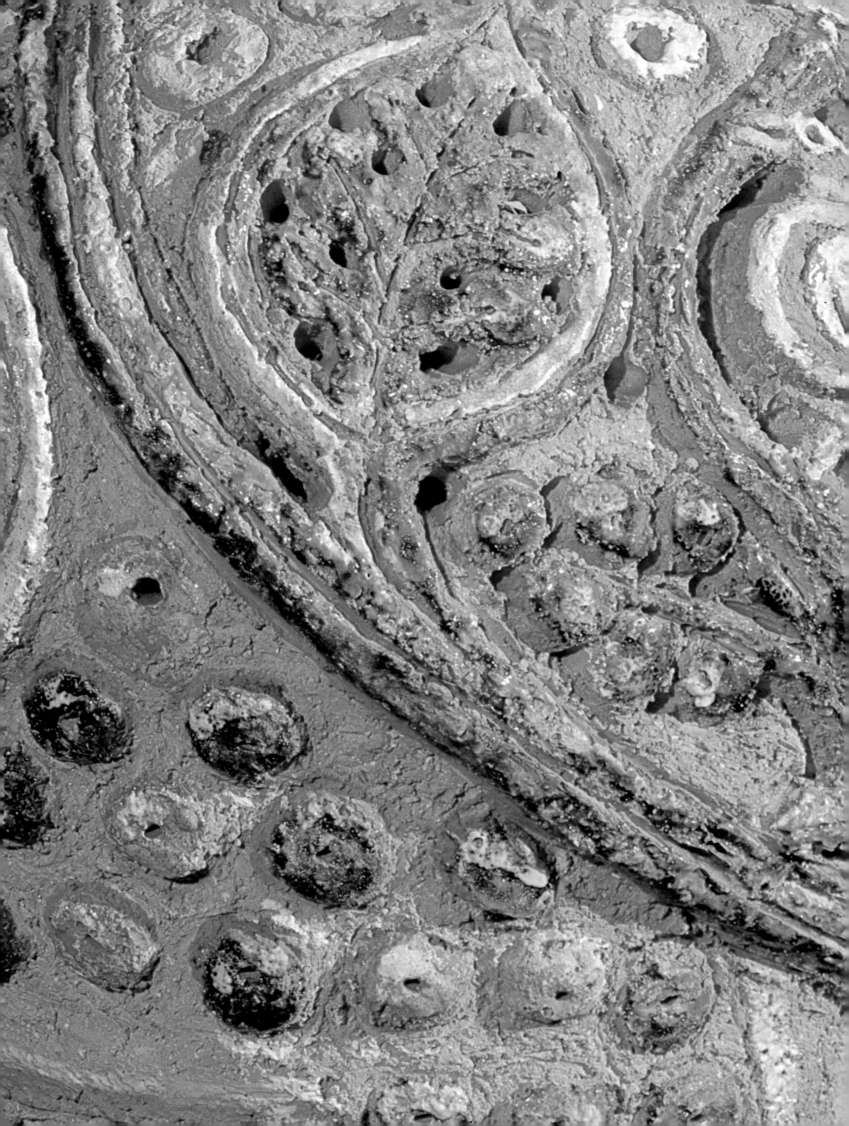

Odysseus (s. Abb. 55) **49**

Mutter und Tochter (s. Abb. 57) *50*

Hommage à Szentendre (s. Abb. 58) *51*

Vater und Sohn mit Esel (s. Abb. 118) **53**

Der Same (s. Abb. 121) *54*

Zwei Jungfrauen im Traumschiff (s. Abb. 122) *55*

Hirten (Ausschnitt; s. Abb. 67) *56*

Sirenen (s. Abb. 69) *57*

Cantata Profana (s. Abb. 125) *58*

Philemon und Baucis (Ausschnitt; s. Abb. 73) *60*

Die gute und die böse Fee (s. Abb. 76) **61**

Die Geschichte des 700jährigen Győr (Kazinczy nach Kufstein; s. Abb. 127) 62

MEG- CSÓKOLÁ
UJJOM HEGYE
S AZ MZO AZ
TÖLDRE NYOMÁN
E CSÓKOT.

ÁSVÁNY MELLETT KÖTE KI
HAJÓNK GYŐR KÖZE VALA

KAZINCZY

Wer ist denn hier die Mutter und wer die Tochter (s. Abb. 77) 65

Oeuvrekatalog

Szentendre = *Margit-Kovács-Sammlung*
im Vastagh-György-Haus, Szentendre
Győr = *Margit-Kovács-Sammlung, Győr*
○ = *im Besitz von Frau L. Bíró, Budapest*

WEIBLICHE FIGUR MIT EINER VASE
AUF DEM KOPF, 1931
Terrakotta, mit Deckglasur, 25 cm. Verschollen

KNABE IM NACHTHEMD, 1933
Terrakotta, modelliert, mit Deckglasur, 38 cm.
Szentendre

MÄDCHEN MIT PUPPE I, um 1933
Terrakotta, modelliert, engobiert, 16 cm.
Szentendre (Bild 1)

KLEINES MÄDCHEN, um 1933
Terrakotta, modelliert, mit Deckglasur.
Signiert: „K M", 19 cm. Szentendre

1

MÄDCHEN VOR DEM SPIEGEL, 1933/34
Terrakotta, modelliert, mit Deckglasur, 27 cm.
Szentendre
(Bild 2)

BEIM KÄMMEN, 1933/34
Terrakotta, modelliert, mit Deckglasur, 30 cm.
Verschollen

KARUSSELLFAHRENDES MÄDCHEN,
1933/34
Terrakotta, modelliert, 40 cm. ○

2

Figuren

3

PAUSBÄCKIGES MÄDCHEN, 1933/34
Schamotte mit Ton, modelliert, 30 cm.
Szentendre
(Bild 3)

KLEINES DUMMCHEN MIT BLUME, 1934
Terrakotta, gedreht, mit Deckglasur, 12 cm. ○

4   5

ZWEI KINDER, 1934
Terrakotta, modelliert. Signiert: „K M", 30 cm.
○

SCHAMHAFTE MARIA, um 1935
Terrakotta, modelliert, antikisiert, 115 cm.
Szentendre (Bild 4)

LEHRLING, 1934
Terrakotta, modelliert, antikisiert, 115 cm.
Szentendre (Bild 5)

GÄRTNER, um 1934
Terrakotta, modelliert, 30 cm. ○

KEGELFÖRMIGE FIGUREN, um 1934/35
Terrakotta, graviert, 12 cm.
Szentendre

MUTTER MIT KIND, 1935
Terrakotta, modelliert, antikisiert, 80 cm.
Szentendre

MÄDCHEN MIT LAMM, um 1935
Terrakotta, gedreht, 38 cm.
Verschollen

KAVALIER, 1936
Terrakotta, gedreht, engobiert, mit Deckglasur,
41 cm. Szentendre

FLÖTENSPIELER, 1936
Terrakotta, modelliert, 41 cm.
Szentendre

TISCHUHRGEHÄUSE, 1936
Terrakotta, gedreht, mit gemusterten,
farbigen Deckglasuren. Aufschrift: „1936".
Verloren (Bild 6)

6

ER LIEBT MICH,
ER LIEBT MICH NICHT... 1938
Terrakotta, modelliert, 21 cm. Szentendre

GUGELHUPFMADONNA
(BAUERNMADONNA), 1938
Terrakotta, gedreht, engobiert,
mit aufgelegten und eingeritzten Verzierungen.
Aufschrift: „Édes virágszál, Szűz Mária
— Imádkozzál értünk — K. M."
(Süße Blume, Jungfrau Maria
— Bete für uns), 36 cm.
Szentendre (Bild 7 und Farbtafel 5)

ENGEL MIT HARFE, 1940
Terrakotta, gedreht, engobiert und graviert,
mit Deckglasur. Signiert: „K. M. 1940", 58 cm.
Szentendre (Bild 8)

JUNGER ABESSINIER MIT TIARA, um 1940
Terrakotta, modelliert, mit Deckglasur, 30 cm.
○

FRAU MIT SPIEGEL, um 1941/42
Terrakotta, modelliert,
graviert und engobiert, 45 cm.
Szentendre

167

SCHWESTERN I, 1942
Terrakotta, modelliert, 51 cm.
○ (Bild 9 und Farbtafel 7)

SÄULENENGEL, um 1942
Gedreht und modelliert.
Aufschrift: „Angelus, Sanctus", 91 cm.
Szentendre (Bild 12 und Farbtafel 9)

BETHLEHEM, um 1942
Gedreht. Verloren

SALOME, um 1943/44
Terrakotta, gedreht, engobiert,
mit Deckglasur, 39 cm.
Szentendre (Bild 15)

7

12

DIE HEILIGE MARGARETE, um 1942
Terrakotta, modelliert, 142 cm. ○

SCHWESTERN II, um 1942
Terrakotta, modelliert, 50 cm.
Szentendre

9

MADONNA WICKELT DAS KIND, um 1942
Terrakotta, modelliert,
mit eingeritzten Ornamenten, 31 cm.
Szentendre (Bild 13 und Farbtafel 10)

MÄDCHEN MIT PUPPE II, 1942/43
Terrakotta, modelliert. Signiert: „K. M.", 26 cm. ○

GROSSES MÄDCHEN
MIT KLEINEM TELLER, um 1944
Terrakotta, gedreht, mit Deckglasur, 50 cm.
Szentendre

ZWEI KLAGEWEIBER, um 1944
Terrakotta, modelliert,
engobiert und graviert, 50 cm.
Szentendre (Bild 16)

DER HEILIGE PETRUS, um 1942
Terrakotta, modelliert.
Aufschrift: „Petrus", 92 cm.
Hotel Duna-Intercontinental, Budapest
(Bild 10)

DER GUTE HIRTE, 1942
Klinker, gedreht.
Aufschrift: „Mennyből az angyal
lejött hozzátok — Pásztorok"
(Der Engel vom Himmel kam zu euch —
Hirten), 139 cm. Szentendre (Bild 11)

8

10   11

SITZENDES,
ERSTAUNT BLICKENDES MÄDCHEN,
1942/43
Terrakotta, modelliert. Signiert: „K. M.", 20 cm. ○

PRINZESSIN, 1944
Ton, modelliert, engobiert,
mit Deckglasur, 66 cm.
○ (Bild 14 und Farbtafel 11)

13

MANN MIT LAMM, 1944/45
Terrakotta, modelliert,
mit eingravierter Verzierung, 32 cm.
Szentendre (Bild 17 und Farbtafel 13)

MUTTER MIT HUNGRIGEM KIND, 1945
Terrakotta, modelliert,
gewachst, 84 cm.
Szentendre

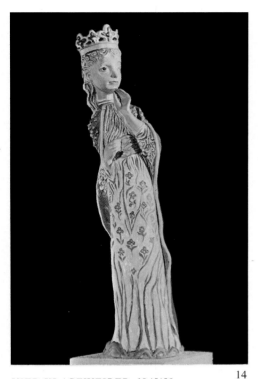

VIER KLAGEWEIBER, 1945/50
Terrakotta, modelliert,
engobiert, mit Deckglasur
und eingeritzter Verzierung, 54 cm.
Szentendre

14

16

DIE KLEINE SCHAMHAFTE, 1947
Terrakotta, gedreht, engobiert
und graviert, mit Deckglasur.
Signiert: „K. M. 1947", 33 cm.
Szentendre
(Bild 18)

THERESIA, 1947/48
Terrakotta, gedreht,
engobiert und eingeritzt, 43 cm. ○

STILLENDE MUTTER, 1948
Terrakotta, engobiert, mit Deckglasur.
Signiert: „KM", 80 cm.
Szentendre (Bild 20 und Farbtafel 15, 16)

18

CHINESISCHES MÄDCHEN, 1948
Terrakotta, gedreht, engobiert,
mit Deckglasur, 25 cm.
Szentendre

KLEINES MÄDCHEN, 1948
Terrakotta, modelliert, 20 cm. ○

MEINE MUTTER, 1948
Terrakotta, modelliert, 30 cm.
Szentendre
(Bild 21 und Farbtafel 17)

15

DER WUNDERBARE FISCHZUG, 1947
Terrakotta, gedreht und modelliert.
Aufschrift: *„Piscatus admirabilis 1947 — KM",*
40 cm.
Szentendre

TRINKENDES MÄDCHEN, 1947
Terrakotta, modelliert.
Signiert: „K. M.", 25 cm. ○

17

KRUZIFIX, 1948
Terrakotta, engobiert, mit Deckglasur.
Signiert: „KM", 120 cm.
Szentendre (Bild 19 und Farbtafel 14)

19

STAUNENDES MÄDCHEN, 1948
Terrakotta, modelliert, 19 cm. ○

WERBUNG, 1948
Terrakotta, gedreht,
engobiert, mit Deckglasur, 53 cm.
Szentendre (Bild 22 und Farbtafel 18)

DAME, 1949
Terrakotta, modelliert,
engobiert, mit Deckglasur, 56 cm.
Szentendre (Bild 23 und Farbtafel 19, 20)

HERUMSCHNÜFFELNDE MÄDCHEN,
um 1949
Terrakotta, modelliert, 32 cm.
Szentendre (Bild 24)

BÄUERIN MIT HUHN, 1950
Terrakotta, modelliert, graviert und engobiert.
Signiert: „K. M.", 32 cm. ○

MATYÓ-BRAUT MIT BROT, 1950
Terrakotta, gedreht, engobiert,
mit Deckglasur, 110 cm. ○

BROTANSCHNEIDENDES MÄDCHEN II.
1952
Terrakotta, gedreht, graviert und engobiert,
mit Deckglasur. Aufschrift: „K. M. Béke"
(M. K. Friede), 102 cm. Szentendre

22   23

KLAGEWEIB, 1951
Terrakotta, gedreht und engobiert, 50 cm.
Szentendre

APFELVERKÄUFERIN, 1952
Terrakotta, gedreht, Deckglasur, 42 cm. Győr

MÄDCHEN MIT RENEKLODE, 1952
Terrakotta, modelliert, graviert und engobiert,
mit Deckglasur, 36 cm. ○

25

SITZENDER KLEINER KNABE, 1952
Terrakotta, modelliert.
Signiert: „K. M.", 23 cm. ○

MÄDCHEN FÜTTERT DIE HÜHNER, 1952
Terrakotta, gedreht,
engobiert, mit Deckglasur, 51 cm. ○

DER ERSTE BUCHSTABE „A", 1952
Terrakotta, gedreht,
graviert und engobiert, mit Deckglasur.
Signiert: „K. M.", 23 cm. ○

20

FRAU MIT HANDSCHUHEN, 1949
Terrakotta, gedreht, graviert und engobiert,
mit Deckglasur, 50 cm.
Szentendre

21   24

JESUS MIT DEM LAMM, um 1949/50
Terrakotta, gedreht, engobiert,
mit Deckglasur, 107 cm. Szentendre

KINDER IM PUPPENTHEATER, 1950
Terrakotta, modelliert.
Signiert: „K. M. 1950", 27 cm. ○

BROTANSCHNEIDENDES MÄDCHEN I.
1952
Terrakotta, gedreht,
graviert und engobiert, mit Deckglasur.
Aufschrift: „K. M. Béke" (M. K. Friede),
107 cm.
Szentendre (Bild 25 und Farbtafel 27, 28)

26

LESENDE KINDER, 1953
Terrakotta, modelliert, 14 cm. ○

FAMILIEN-FOTOALBUM, 1953
Terrakotta, engobiert,
mit Deckglasur, 35 cm.
Szentendre
(Bild 26 und Farbtafel 29)

BRAUTPAAR BEIM FOTOGRAFEN, 1953
Terrakotta, gedreht, engobiert, mit Deckglasur.
Signiert: „K. M.", 48 cm.
Szentendre
(Bild 28 und Farbtafel 31)

29

JUDASKUSS, 1956
Schamotte mit Ton, graviert, 49 cm.
Szentendre
(Bild 32)

WIE WOHL DAS WETTER WIRD? 1953 27
Terrakotta, gedreht,
engobiert, mit Deckglasur, 103 cm.
Szentendre

MUTTER AUS MEZŐKÖVESD, 1953
Terrakotta, gedreht, engobiert, mit Deckglasur.
Signiert: „K. M.",
33 cm. ○

SPINNERIN, 1953
Terrakotta, gedreht, engobiert, mit Deckglasur.
Aufschrift: „A fonóban szól a nóta"
(In der Spinnstube erklingt das Lied), 92 cm.
Szentendre
(Bild 29 und Farbtafel 32)

MARGOT, 1954
Terrakotta, gedreht, engobiert, mit Deckglasur.
Aufschrift: „Margot", 37 cm.
Szentendre
(Bild 30 und Farbtafel 33)

32

30

28

ALTE JUNGFER, 1953
Terrakotta, gedreht, graviert und engobiert,
mit Deckglasur, 45 cm. ○

ESELREITER, 1953
Terrakotta, modelliert, mit Deckglasur.
Signiert: „K. M.", 42 cm.
Szentendre
(Bild 27 und Farbtafel 30)

SUSANNA I, 1955
Terrakotta, gedreht, engobiert, mit Deckglasur.
Aufschrift: „K. M. 1955 Zsuzsánna", 42 cm.
Im Besitz von I. P. - Brestyánszky
(Bild 31)

LIEGENDE DAME, 1955
Terrakotta, gedreht, mit Deckglasur.
Signiert: „K. M.", 15 cm. ○

33

171

TANZENDE SALOME, 1956
Terrakotta, graviert, 50 cm. ○

SCHWEINEHIRT, 1956
Terrakotta, gedreht, graviert.
Aufschrift: „1956", 43 cm.
Szentendre
(Bild 33 und Farbtafel 37)

DAME BEIM KÄMMEN, 1957
Ton, modelliert, engobiert, 37 cm.
○
(Bild 34 und Farbtafel 38)

FISCHER, 1958
Schamotte mit Ton, modelliert, graviert.
Signiert: „K. M.", 48 cm. ○

„WIE NETT, DICH ZU SEHEN!" 1958
Terrakotta, gedreht, engobiert, 35 cm.
Szentendre

KLAGEWEIB, 1958
Terrakotta, gedreht, engobiert.
Aufschrift: „K. M. 1958", 34 cm.
Szentendre
(Bild 39)

34

SPIELENDE MÄDCHEN, 1956
Terrakotta, gedreht, engobiert, 28 cm. ○

LERCHE, 1956
Terrakotta, gedreht, graviert und engobiert,
mit Deckglasur, 24 cm.
Győr

36

ALTER FISCHER, 1958
Schamotte mit Ton, modelliert,
graviert, 44 cm.
Szentendre
(Bild 35)

ALTER FLURWÄCHTER, 1958
Schamotte mit Ton, modelliert, 35 cm.
Szentendre
(Bild 36 und Farbtafel 39, 40)

DER RAUB DER EUROPA, 1958
Terrakotta, gedreht, engobiert, 45 cm.
○ (Bild 37)

38

PARZEN, 1958
Terrakotta, gedreht, engobiert, mit Deckglasur.
Aufschrift: „Clotho, Lachesis, Atropos Anno
1958", 84 cm. Szentendre
(Bild 40 und Farbtafel 42)

SCHLAFENDER KNABE, 1958
Schamotte mit Ton, modelliert, graviert,
24 cm.
Szentendre
(Bild 41)

35

37

PEGASUS, 1956
Terrakotta, gedreht, engobiert, mit Deckglasur.
Aufschrift: „Nevem Pegazus K. M."
(Mein Name ist Pegasus M. K.), 33 cm. ○

TRINKENDER KNABE, 1956
Terrakotta, gedreht, 50 cm.
Szentendre

HEIMSUCHUNG MARIÄ, 1958
Terrakotta, gedreht, engobiert.
Aufschrift: „K. M. 1958", 33 cm.
Kunstgewerbemuseum, Budapest
(Bild 38 und Farbtafel 41)

39

*DIE KLUGE UND DIE TÖRICHTE
JUNGFRAU, 1958–60*
Terrakotta, gedreht, engobiert, 45 cm.
Szentendre

KAMELREITER, 1959
Gebrannter Ton, gedreht, 40 cm. ○

MADONNA MIT DEM WICKELKIND, 1959
Gebrannter Ton, gedreht, engobiert,
mit Deckglasur, 70 cm.
Italien, Privatbesitz

RITTER BOR, 1960
Terrakotta, gedreht, engobiert,
mit eingeritzten Verzierungen.
Aufschrift: „*Bor vitéz*" (Ritter Bor), 43 cm.
Szentendre

TRAUER I, 1960
Gebrannter Ton, gedreht, engobiert, 44 cm.
Szentendre
(Bild 43)

*DIE GLEICHBERECHTIGUNG
DER FRAU, 1960*
Schamotte, gedreht, graviert, 45 cm.
Szentendre

*MUTTER MIT HUNGRIGEM KIND II,
um 1960*
Terrakotta, gedreht, engobiert,
mit Deckglasur, 72 cm. Szentendre

44

ALTES KLAGELIED, 1960
Terrakotta, gedreht, graviert.
Aufschrift: „*Anno 1960. Szemeim sírjatok,
Könnyeim hulljatok,
Hogy az én arcomon Patakot mossatok. K. M.*"
(Anno 1960. Laßt meine Augen weinen,
meine Tränen fließen,
wie ein Bach mein Antlitz waschen. M. K.),
39 cm.
Szentendre
(Bild 42)

40

SALOME I, 1960
Terrakotta, engobiert, mit Deckglasur.
Signiert: „*K. M.*", 60 cm.
○

HERBSTLICHES HALALI, 1960
Terrakotta, gedreht, engobiert, 55 cm.
Szentendre

42

*DIE „GNÄDIGE" FRAU VOM LANDE,
um 1960*
Terrakotta, gedreht, engobiert,
mit Deckglasur, 36 cm. ○

IN GEDANKEN VERSUNKEN, 1960–62
Terrakotta, gedreht, engobiert, 33 cm.
Szentendre

*ZUM HEIMLICHEN RENDEZVOUS,
1960–62*
Terrakotta, gedreht, engobiert, 57 cm.
○
(Bild 44 und Farbtafel 43)

MARIÄ HEIMSUCHUNG, 1960–62
Terrakotta, gedreht, engobiert, 33 cm.
Szentendre

45

ENGEL NACH DER ARBEIT, 1960–63
Terrakotta, gedreht, graviert, 45 cm.
Szentendre

HIRT, 1961
Terrakotta, gedreht, engobiert, 81 cm. ○

41

DREI SCHWESTERN, 1960
Terrakotta, gedreht, engobiert.
Aufschrift: „*Csicsónénak három lánya.
Mind a három egy szoknyába. K. M. 1950*"
(Die drei Töchter der Frau Csicsó.
Alle drei in einem Rock. M. K.), 28 cm.
Szentendre

43

TROIKA, 1960
Schamotte mit Ton,
gedreht und modelliert, 40 cm.
Szentendre

FRUCHTBARKEIT, 1961
Schamotte. Signiert: „*K. M.*", 70 cm. ○

HIMMLISCHE ZWILLINGE, 1961/62
Terrakotta, gedreht, engobiert, 82 cm.
○

173

ALTE FRAU, DIE SOCKEN STRICKT,
1961/62
Terrakotta, gedreht, engobiert, 33 cm.
Szentendre

DIE POSAUNE DES JÜNGSTEN GERICHTS,
1962
Schamotte mit Ton, gedreht, graviert.
Aufschrift: „*Harsona*" (Posaune), 50 cm.
Szentendre (Bild 45)

QUADRIGA, *1962*
Schamotte, modelliert, engobiert, 40 cm.
Szentendre

47

REISIGSAMMLERIN, *um 1962*
Schamotte, gedreht, graviert, 35 cm.
Szentendre
(Bild 46)

MARKTWEIB, *um 1962*
Schamotte mit Ton, gedreht, 25 cm. Győr

WARTENDE, *um 1962–64*
Schamotte mit Ton, modelliert,
mit eingeritzter Verzierung.
Signiert: „*K. M.*", 82 cm. Szentendre

TANZENDE NYMPHEN, *1962–65*
Terrakotta, gedreht, engobiert, 37 cm.
Szentendre

BIS IN DEN TOD, *1964*
Terrakotta, gedreht, engobiert,
mit eingeritzten Verzierungen, 60 cm.
Zerstört

VERLIEBTE, *1964*
Schamotte, modelliert, graviert, 38 cm.
Szentendre

46

48

GRÜSS' GOTT, MEINE LIEBE DAME I,
um 1964
Schamotte mit Ton, gedreht, 60 cm.
Szentendre

MUTTER MIT PAUSBÄCKIGEM KIND,
1965
Terrakotta, gedreht, engobiert, farbige Glasur.
Aufschrift: „*Anno 1965 K. M.*", 45 cm.
Szentendre

TRAUER II, *1967*
Terrakotta, gedreht, engobiert, 44 cm.
Szentendre
(Bild 47)

49

DIE HEILIGEN DREI KÖNIGE, *um 1965*
Terrakotta, gedreht, gewachst, 75 cm. ○

KRANKENPFLEGE I, *1966*
Schamotte mit Ton, modelliert, 50 cm.
Szentendre (Bild 48)

IM SCHNEEREGEN, *1966*
Terrakotta, gedreht, engobiert, 40 cm. ○ (Bild 49)

MÄDCHEN MIT KRUG
(Durchbrochene Arbeit), 1966
Terrakotta, gedreht, engobiert.
Aufschrift: „*1966*", 80 cm.
Szentendre (Bild 50 und Farbtafel 47, 48)

50

51

52

KARTENLEGENDE ZIGEUNERIN, 1966
Terrakotta, gedreht, engobiert, 110 cm.
○

53

GARNWICKLERINNEN, 1966
Schamotte mit Ton, modelliert, graviert, 47 cm.
Szentendre
(Bild 51)

MÜDIGKEIT, 1966
Schamotte mit Ton, gedreht, graviert, 20 cm.
Szentendre
(Bild 52)

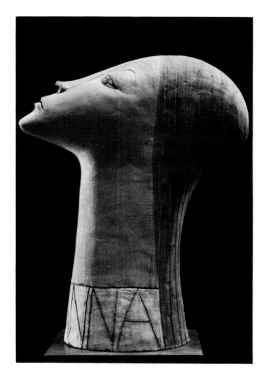

TANZENDES MÄDCHEN, 1966   54
Terrakotta, gedreht, engobiert, 50 cm. ○

FIGUR HÄLT EIN GEFÄSS, 1966
Ton, gedreht, engobiert, mit eingeritzter
Verzierung, 47 cm. Szentendre

ERINNERUNG AN CSILLA, um 1966
Terrakotta, modelliert, 35 cm. ○

KENTAUR, 1966/67
Schamotte mit Ton, gedreht, graviert, 22 cm.
Szentendre

SCHLUMMERNDER GREIS, um 1966/67
Schamotte mit Ton, gedreht, graviert, 22 cm.
Szentendre

55

DAVID, 1967
Schamotte, modelliert.
Eingeritzte Aufschrift: „DAVID“, 60 cm.
Szentendre
(Bild 53)

JOHANNA, 1967
Terrakotta, gedreht, engobiert.
Aufschrift: „Johanna K. M. 1967“, 42 cm.
Győr
(Bild 54)

56

ODYSSEUS, 1967
Schamotte mit Ton, modelliert, engobiert.
Eingeritzte Aufschrift: „K. M. 1967“, 60 cm.
Szentendre
(Bild 55 und Farbtafel 49)

BÖSE ALTE WEIBER, 1967
Schamotte mit Ton, gedreht, engobiert.
Eingeritzte Aufschrift: „1967“, 50 cm.
Szentendre
(Bild 56)

MUTTER UND TOCHTER, 1968
Schamotte, gedreht, graviert, 43 cm.
Szentendre
(Bild 57 und Farbtafel 50)

57

58

59

HOMMAGE À SZENTENDRE, 1968
Schamotte mit Ton, gedreht, engobiert.
Aufschrift: „Szentendre, az édes városka K. M."
(Szentendre, das liebe Städtchen M. K.), 93 cm.
Szentendre (Bild 58 und Farbtafel 51)

FISCHERSFRAUEN, 1968
Terrakotta, gedreht, engobiert, 50 cm.
Szentendre (Bild 59 und Farbtafel 52)

60

VERKÜNDIGUNG III, 1968
Terrakotta, gedreht.
Aufschrift: „Gloria Mária K. M.", 70 cm.
Szentendre
(Bild 60)

61

PATRONIN DER ZWIEBELTÜRME, 1968
Schamotte mit Ton, gedreht, 88 cm.
Signiert: „Anno 1968 K. M."
Szentendre
(Bild 61)

KASTANIENRÖSTERIN, 1968
Schamotte, gedreht, graviert, 60 cm.
Janus-Pannonius-Museum, Pécs
(Bild 62)

62

63

NACHTWACHE, 1968
Schamotte, gedreht, modelliert, 45 cm.
Szentendre
(Bild 63)

64

GEBURT, 1968
Schamotte, modelliert, graviert und engobiert,
45 cm.
Szentendre
(Bild 64)

DIE WELT IST SCHÖN, 1968
Terrakotta, gedreht, engobiert, 100 cm. ○

65

HEIRAT, 1968
Schamotte, modelliert,
graviert und engobiert, 44 cm.
Szentendre
(Bild 65)

66

TOD, 1968
Schamotte, modelliert,
graviert und engobiert, 37 cm.
Szentendre
(Bild 66)

SUSANNA, 1968
Schamotte, modelliert,
graviert, engobiert, 75 cm.
Szentendre

67

HIRTEN, 1968
Terrakotta, gedreht, engobiert und graviert.
Signiert: „K. M.", 101 cm.
Szentendre
(Bild 67 und Farbtafel 56)

68

ANGLER, 1968
Schamotte mit Ton, gedreht, graviert.
Signiert: „K. M.", 48 cm.
Szentendre
(Bild 68)

POSAUNENENGEL, 1968/69
Terrakotta, gedreht, mit farbiger Glasur, 82 cm.
Szentendre

SIRENEN, 1968/69
Schamotte mit Ton, gedreht, engobiert.
Signiert: „K. M.", 72 cm.
Szentendre
(Bild 69 und Farbtafel 57)

69

70   71

72

TRAUERREDE, 1970
Schamotte mit Ton, gedreht, graviert.
Aufschrift: „Látjátok feleim..."
(Sehet, meine lieben Brüder und Schwestern...),
141 cm.
Szentendre
(Bild 70)

73

HORNBLÄSERIN, um 1968–70
Terrakotta, gedreht, graviert, 91 cm.
Szentendre
(Bild 71)

THEATER, 1969
Terrakotta, gedreht, engobiert.
Signiert: „1969 K. M.", 80 cm.
Szentendre

74   75

KÖNIGLICHE VERLOBUNG, 1969
Schamotte, gedreht, engobiert,
mit Mosaik und Gravierung.
Signiert: „1969 K. M.", 80 cm.
Szentendre (Bild 72)

KLEINES KREUZ, 1969/70
Schamotte, gedreht, mit eingeritzter Verzierung,
45 cm. Szentendre

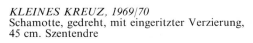

177

MUTTER MIT KIND, 1970
Schamotte, gedreht, graviert, 45 cm.
Szentendre

PHILEMON UND BAUCIS, 1970
Terrakotta, gedreht, engobiert, 70 cm.
Szentendre
(Bild 73 und Farbtafel 59, 60)

ZAUBERER, 1970
Terrakotta, gedreht, engobiert, 93 cm.
Szentendre
(Bild 74)

76

BETTLERIN
MIT VERGISSMEINNICHTAUGEN, 1970
Terrakotta, gedreht,
schwarzweiß engobiert, 38 cm.
Szentendre
(Bild 75)

DIE GUTE UND DIE BÖSE FEE, 1970
Terrakotta, gedreht, engobiert.
Eingeritzte Aufschrift:
„A jó tündér, a rossz tündér 1970"
(Die gute Fee, die böse Fee 1970), 110 cm.
Szentendre
(Bild 76 und Farbtafel 61)

SCHWESTERN III, 1970
Schamotte mit Ton, engobiert,
mit farbiger Glasur.
Aufschrift: „Anno 1970", 74 cm.
Szentendre

GEBURT DER LEGENDEN, 1970
Schamotte mit Ton, gedreht.
Eingeritzte Aufschrift: „Legendák születése"
(Geburt der Legenden)
und signiert: „K. M.", 94 cm.
Szentendre

„MÖGE SEINE SEELE AN DIE BANDE
DES LEBENS GEKNÜPFT SEIN", 1970
Schamotte mit Ton, modelliert, graviert.
Aufschrift: „Sírfelirat 1678-ból K. M."
(Grabinschrift aus dem Jahre 1678 M. K.),
88 cm.
Szentendre

HIRT, um 1970
Schamotte mit Ton, modelliert,
graviert, 33 cm.
Szentendre

SITZENDE MADONNA, 1972
Terrakotta, gedreht, engobiert, 105 cm.
Budapest I., Tárnok utca 18

GOTISCHE MADONNA, 1972
Terrakotta, gedreht, engobiert.
Signiert: „1972 K. M.", 107 cm.
Szentendre

„OH, VENEDIG", 1972
Schamotte mit Ton, engobiert und graviert.
Aufschrift: „Oh Velence 1972. K. M."
(Oh, Venedig 1972. M. K.), 110 cm.
Szentendre

SONNTAG, 1973
Terrakotta, gedreht, engobiert.
Eingeritzte Aufschrift: „Vasárnap K. M."
(Sonntag M. K.), 65 cm.
Szentendre

PROBEFLUG, 1973
Terrakotta, modelliert.
Eingeritzte Aufschrift: „Próbarepülés"
(Probeflug), 84 cm. ○

77

„WER IST DENN HIER DIE MUTTER
UND WER DIE TOCHTER", 1974
Schamotte mit Ton, 80 cm.
Győr
(Bild 77 und Farbtafel 65)

KNIENDE FRAU, 1928
Relief, Terrakotta, modelliert,
mit Deckglasur, 20 × 30 cm. Verloren

PARADIES, 1929
Relief, Terrakotta, modelliert,
mit farbiger Deckglasur, 41 × 39 cm.
1 Exemplar in Győr

KAIN UND ABEL I, 1929
Relief, Terrakotta, modelliert, 36 × 25 cm.
Szentendre

KNABE MIT TÖPFERSCHEIBE, 1929
Relief, Terrakotta, ohne Glasur.
Signiert: „1929 K M", 42 × 52 cm.
Szentendre, eingebaut

JAKOBS TRAUM, 1929
Relief, Terrakotta, modelliert.
Aufschrift: „Jákob álma 1929"
(Jakobs Traum 1929), 45 × 62 cm. Győr

MARIA MIT ZWEI KLAGEWEIBERN, 1929
Relief, Terrakotta, modelliert.
Aufschrift: „Mária", 40 × 25 cm.

SANKT GEORG, um 1930
Nischenrelief, 40 × 25 cm.
Verschollen

URBESCHÄFTIGUNGEN, 1931
Relief, Terrakotta, modelliert,
mit farbiger Deckglasur.
Aufschrift: „Piscatus, Venatus,
Pecuaria, Agricultura — Budapest — KM 1931".
Wien, Fremdenverkehrsbüro
(Bild 78)

SANKT FRIEDRICH, 1931
Nischenrelief, Terrakotta, modelliert,
mit farbiger Glasur. Aufschrift: „Fredericus
1931", 65 × 35 cm. Szentendre

SANKT EMMERICH, um 1931
Nischenrelief, Terrakotta, modelliert.
Aufschrift: „Szent Imre herceg"
(Der heilige Prinz Emmerich), 28 × 34 cm.
Szentendre

FISCHERJUNGE, 1932
Nischenrelief, Terrakotta, mit farbiger Glasur.
Aufschrift: „1932 Aquam...", 40 × 35 cm.
Budapest I., Ponty utca 14, an der Hausfassade

KAIN UND ABEL, 1932
Relief, Terrakotta, modelliert, 25 × 36 cm.
Szentendre

MÄDCHEN MIT ZIEGE, 1933
Nischenrelief, Terrakotta, modelliert,
mit Deckglasur.
Aufschrift: „Anno Domini 1933", 35 × 45 cm.
Szentendre

AMME, 1933/34
Relief, Terrakotta, modelliert, 34 cm. ○

ALTAR DER HEILIGEN ELISABETH, 1934
Relief, Terrakotta, engobiert, eingeritzt.
Aufschrift: „Árpádházi Szent Erzsébet
Anno 1934"
(Heilige Elisabeth aus dem Arpadenhause Anno
1934), 58 × 42 cm. Zerstört

EHEPAAR AUF EINEM WAGEN, 1934/35
Relief, Terrakotta, engobiert. Zerstört

SANKT FLORIAN, 1935
Nischenrelief, Terrakotta, modelliert,
mit Deckglasur. Aufschrift: „Édes Flórián,
míg téged látunk, nem félünk"
(Lieber Florian, solange wir dich
sehen, fürchten wir uns nicht), 44 cm.
Kaesz-Haus, Szentendre

79

SANKT FLORIAN, 1935
Nischenrelief, Terrakotta, modelliert,
mit Deckglasur.
Aufschrift: „KM Flórián 1935", 40 cm.
Budapest XIII., Fürst Sándor utca 16

SANKT GEORG, 1935
Relief, Terrakotta, durchbrochen, engobiert,
mit Bleiglasur.
Aufschrift: „Sct Georgius", 36 × 40 cm.
Szentendre
(Bild 79 und Farbtafel 1)

VERKÜNDIGUNG I, 1935
Relief, Terrakotta, modelliert,
graviert, mit Deckglasur.
Signiert: „KM 1935", 14 × 15 cm.
Szentendre

MARIA-IKONE, um 1935
Flachrelief, Terrakotta, engobiert,
mit Deckglasur, 39 cm. Győr

RELIEF MIT ENGEL UND LAMM, um 1935
(in einer Schüssel modelliert)
Terrakotta, gedreht, modelliert,
mit Deckglasur, 32 cm.
Szentendre

„DER PFAU IST AUFGEFLOGEN", um 1935
Relief, Terrakotta, 150 × 100 cm.
Budapest V., Vármegye utca 15,
an der Hausfassade

80

DIE HEILIGE FAMILIE, um 1935
Terrakotta, engobiert.
Verschollen

SANKT GEORG DER DRACHENTÖTER,
um 1936
Relief, Terrakotta, modelliert, engobiert,
mit Deckglasur. 62 × 42 cm.
Szentendre
(Bild 80 und Farbtafel 2)

TIERKREIS, um 1936
Relief, Terrakotta, engobiert, graviert,
mit Deckglasur. Eine Säule 220 cm
und eine Banklehnenverkleidung 47 × 47 cm.
Budapest I., Kosciuszkó Tádé utca 14,
im Foyer des Hauses

RELIEF AUF DER KANZEL
DER RÖMISCH-KATHOLISCHEN KIRCHE
VON KOMÁROM, 1937
Flachrelief, Terrakotta, engobiert,
graviert, mit Deckglasur.
Zerstört

DIE HEILIGE ELISABETH, 1937
Terrakotta, modelliert.
Budapest, ehemals Ügyész utca 6
Zerstört

„ZUM ALTEN POSTHAUS", 1937
Relief, Terrakotta, modelliert,
mit Deckglasur.
Aufschrift: „KM 1937 A ‚Régi postaház'-hoz"
(M K 1937 „Zum Alten Posthaus"), 60 × 180 cm.
Budapest V., Régiposta utca 13,
an der Hausfassade

BUDAPEST, DIE KÖNIGIN DER DONAU,
1937
Wandbild, Klinker, mit Deckglasur,
600 × 400 cm.
Zerstört, Fragment in der Halle von IBUSZ,
Budapest V., Roosevelt tér 5

DIE GESCHICHTE DER POST, 1937
Wandbild, Terrakotta, mit Deckglasur.
Aufschrift: „*K M Anno Domini 1937*",
Budapest XIV., Cházár utca.
Verloren

KLEINER ALTAR
DES HEILIGEN KARL BORROMÄUS, 1937
Wandbild, Terrakotta, modelliert,
mit Deckglasur.
Aufschrift: „*Borromei Szent Károly,*
imádkozzál érettünk — 1937 K M"
(Heiliger Karl Borromäus, bete für uns —
1937 M K), 84 × 42 cm.
Győr
Zerstört

FUSSBODEN DER TAUFKAPELLE
UND DER HELDENKAPELLE
DER KIRCHE ZU VÁROSMAJOR, 1938
Terrakotta, mit Deckglasur.
Zerstört

81

ACHTEN WIR DIE FRAUEN! 1937
Wandbild, Terrakotta, mit Deckglasur.
Zerstört

85

DER HEILIGE FRANZ, 1938
Terrakotta, engobiert.
Budapest II., Csalogány utca 39. Zerstört

DIE HEILIGEN
AUS DEM ARPADENHAUS, 1938
Nischenreliefreihe, Terrakotta,
engobiert, mit Deckglasur.
Aufschrift auf den beiden mittleren Pilastern:
„*1938*", 70 × 43 cm (5 Stück). Szentendre

83

VOGEL AUS SPITZE, 1937
Wandbild, Terrakotta, graviert, mit Erdfarben
bemalt und mit Deckglasur. Aufschrift: „*K M*
— Páros madár a gilicemadár — Párja nélkül még
a vízre se jár —" (Die Turteltaube lebt
zu zweit — ohne Täuberich geht sie nicht
einmal zum Wasser —), 35 × 33 cm.
Zerstört

84

ZIEROFEN, 1938
Terrakotta, graviert, mit Deckglasur.
Aufschrift: „*Anno 1938*". (Angefertigt
für die I. Zentrale Kunstgewerbeausstellung
1938)
Mailand, Privatbesitz
(Bild 81)

82

86

DAS ABENDMAHL, 1938
Wandbild, Terrakotta in Kunststein eingelegt,
engobiert, mit Deckglasur und eingeritzter
Verzierung, 120 × 87 cm.
Szentendre
(Bild 82 und Farbtafel 3)

ENGEL, 1938
Flächenausschnitt, Terrakotta, mit Deckglasur.
(Zierde eines Ofens), 35 × 70 cm.
Szentendre

87

VERKÜNDIGUNG II, 1938
Wandbild, Terrakotta in Kunststein eingelegt,
graviert, mit Erdfarben bemalt
und mit Deckglasur. Signiert: „1938 K M",
56 × 82 cm.
Szentendre
(Bild 83)

MARKUS — LUKAS, 1938
Wandbild, Klinker, bemalt, mit Deckglasur,
90 × 107 cm. Szentendre

MARIA MIT DEM KIND, 1938–42
Terrakotta, graviert, engobiert, mit Deckglasur.
Aufschrift: „Mária Jézus K M", 41 × 40 cm.
Szentendre
(Bild 84 und Farbtafel 4)

*PORTAL DER SANKT-EMMERICH-KIRCHE
IN GYŐR, 1939*
Terrakotta, engobiert, graviert.
Győr

ADAM UND EVA, um 1939/40
Terrakotta, modelliert, mit farbiger Glasur.
Säulenverkleidung, 150 cm.
Budapest V., Vármegye utca 15

DER WUNDERBARE FISCHZUG, 1940
Leinengrund, Terrakotta, engobiert.
Aufschrift: „Andreas Petrus Jesus — Anno
Domini 1940 Csodálatos halfogás"
(Andreas Petrus Jesus — Anno Domini 1940
Wunderbarer Fischzug), 33 × 46 cm.
Szentendre

DIE APOSTEL PETRUS UND PAULUS, um 1940
Tondorelief, Klinker, mit Deckglasur, 40 cm.
Szentendre

*IKONENMADONNA
IN GOLDENEM RAHMEN, 1940–42*
Wandbild, Terrakotta, bemalt, mit Deckglasur.
Aufschrift: „Mária K M", 60 × 60 cm.
Szentendre

ADAM UND EVA, 1941
Relief, Terrakotta, modelliert.
Signiert: „K M 1941", 40 × 63 cm.
Szentendre (Bild 85 und Farbtafel 6)

88

*ANBETUNG DER HEILIGEN DREI KÖNIGE,
1942*
Wandbild, Terrakotta, graviert, engobiert,
mit Deckglasur.
Signiert: „1942 K M", 63 × 180 cm.
Szentendre
(Bild 86 und Farbtafel 8)

GOLGATHA, 1942
Relief, Terrakotta, engobiert, graviert,
76 × 128 cm.
Szentendre

BETHLEHEM, 1942
Terrakotta, gedreht.
Verloren

89

*GOTT GEBE WEIN,
WEIZEN UND FRIEDEN! 1942*
Relief, Terrakotta, graviert, mit Deckglasur.
Signiert: „1942 K M", 115 × 136 cm.
Szentendre
(Bild 87)

DORNRÖSCHEN, 1942
Wandbild, Terrakotta, engobiert,
125 × 140 cm. Szentendre

FRAUENKOPF MIT NELKE, 1942
Terrakotta, graviert, engobiert, 47 cm.
Szentendre

FISCHFANG, JAGD, 1942
Flachrelief, Terrakotta,
graviert, engobiert, mit Deckglasur.
Aufschrift: „Halászat — Vadászat K M 1942"
(Fischfang — Jagd M K 1942), 80 × 115 cm.
Budapest II., Bimbó út 11, im Foyer des
Hauses

*NEGATIV GRAVIERTER FRAUENKOPF,
1942.* Terrakotta, graviert.
Signiert: „K M 1942", 132 × 203 cm. ○

GITARRENSPIELER, 1942
Terrakotta, modelliert, engobiert, 22 cm. ○

DIE APOSTEL PETRUS UND PAULUS, 1942
Klinker, mit farbiger Deckglasur.
Aufschrift: „Péter Pál K M"
(Peter Paul M K), 27 cm. ○

FROMME MÄDCHEN MIT KERZEN, 1942
Terrakotta, mit Glasur.
Signiert: „K. M.", 60 × 41 cm. Szentendre

90

NISCHENRELIEF SANKT MICHAEL, 1944
Terrakotta, gedreht, modelliert,
engobiert, mit Deckglasur.
Aufschrift: „Paradisi Michael Prepositus", 32 cm.
Szentendre (Bild 88 und Farbtafel 12)

*HEILIGER MIT LAMM UND VOGEL,
um 1944*
Relief, Terrakotta,
graviert, patiniert, 32 × 48 cm.
Szentendre

*ENTWURF ZU EINEM WANDBILD
IN AQUINCUM, um 1945–50*
Terrakotta, engobiert.
Aufschrift: „Aquincumról éneklek"
(Ich singe von Aquincum), 12 × 25 cm.
Szentendre

*TEIL EINES WANDBILDES
ZUM 1. MAI, um 1946*
Terrakotta, mit Deckglasur, 102 × 115 cm.
Ministerium für Bildungswesen, Budapest

181

PARZE, 1947/48
Wandbild, mit Deckglasur.
Signiert: „K M", 30 × 50 cm. ○

91

„SCHÖNES MÄDCHEN, JULIA", 1948
Relief, Terrakotta, engobiert, graviert.
Aufschrift: „Júlia szép leány — Egykoron
kimőne — Búzavirág sződni — A búzamezőkre
— Anno 1948" (Schönes Mädchen Julia —
ging einst hinaus — um Kornblumen
zu pflücken — auf dem Kornfeld —
Anno 1948), 43 × 69 cm.
Szentendre

93

MÄDCHEN MIT LILIE UND LAMM, 1948
Terrakotta, graviert, mit Deckglasur. Aufschrift:
„A Toi K M", 30 × 62 cm. Szentendre

HOLZFÄLLER, 1949
Relief, Terrakotta, Deckglasur, 55 cm. Szentendre

REITER, 1949
Relief, Klinker, mit Deckglasur, 55 cm. ○

LANDKARTE VOM PLATTENSEE, 1950
Wandbild, Terrakotta, graviert,
mit Deckglasur, 240 × 260 cm.
Budapest, Südbahnhof, Schalterhalle

95

BÄUERIN BINDET SICH IHR
KOPFTUCH UM, um 1950
Wandbild, Mettlacherplatten,
mit Deckglasur, 40 × 30 cm.
Szentendre (Bild 89)

WEIZENHALM, um 1950
Wandbild, Mettlacherplatten, mit Deckglasur.
Aufschrift: „Ágas búza K M"
(Weizenhalm M K), 80 × 180 cm. ○

96

MÄRCHEN, um 1950
Wandbild, Mettlacherplatten, mit Deckglasur.
Aufschrift: „Mese K M" (Märchen M K),
95 × 65 cm.
Szentendre
(Bild 90 und Farbtafel 25)

ZIERBECKEN EINES SPRINGBRUNNENS,
um 1950
Terrakotta, mit Deckglasur, 250 cm.
Pionier- und Jugendkaufhaus, Budapest

WEINLESE, um 1950
Wandbild, Terrakotta. Eingravierte
Aufschrift: „1951", 49 × 17,5 cm. ○

92

SANKT LUKAS, 1948
Wandbild, Terrakotta, mit Deckglasur.
Aufschrift: „Lukas — Anno Domini 1948",
20 × 30 cm.
Szentendre

94

LANDKARTE UNGARNS, 1950
Wandbild, Mettlacherplatten, graviert,
mit Deckglasur.
Aufschrift: „Salve Hungaria 1950",
800 × 260 cm.
Eisenbahnstation, Hegyeshalom

DIE TAUBENFÜTTERIN, 1950/51
Terrakotta, mit Deckglasur, 26 × 62 cm.
○ (Bild 91)

BIN ICH NICHT HÜBSCH? 1951
Wandbild, Terrakotta in Kunststein eingelegt,
engobiert, graviert, mit Deckglasur.
Aufschrift: „Szépséges virágszál"
(Du schöne Blume), 80 × 120 cm. ○

MITTAGESSEN AUF DEM FELD, 1951
Wandbild, Terrakotta, engobiert,
mit Deckglasur. Signiert: „K M", 70 × 98 cm.
Szentendre (Bild 92)

TÖPFER, um 1951
Wandbild, Terrakotta, engobiert,
mit Deckglasur, 62 × 80 cm.
Szentendre

BEIM APFELPFLÜCKEN, 1952
Wandbild, Mettlacherplatten, bemalt,
mit Deckglasur. Signiert: „K M",
120 × 160 cm.
Szentendre (Bild 93)

GARBENBINDERIN, 1952
Relief, Terrakotta, mit Deckglasur, 40 × 40 cm.
Szentendre

BEIM OSTEREIERBEMALEN, 1952
Nischenrelief, Terrakotta, gedreht, modelliert,
engobiert, mit Deckglasur. 31 cm.
Szentendre

HEILIGER GEIST, 1952
Relief, Terrakotta, mit Deckglasur, 7 cm.
Szentendre

HEIMWÄRTS, 1952
Wandbild, Mettlacherplatten, bemalt,
mit Deckglasur. Signiert:
„K M", 50 × 71 cm.
Szentendre (Bild 94)

97

101

RELIEF MIT FRIEDENSTAUBE, 1951
Terrakotta, gedreht, modelliert, mit Deckglasur.
Aufschrift: „Éljen az élet — Éljen a béke —
1951" (Es lebe das Leben — Es lebe der Friede
— 1951), 30 cm. ○

98

100

ANTAL BUDAI NAGY, 1952
Wandbild, Terrakotta, graviert, engobiert,
mit Deckglasur.
Aufschrift: „Budai Nagy Antal — 1437 K M",
80 × 80 cm.
Bezirksrat, Székesfehérvár

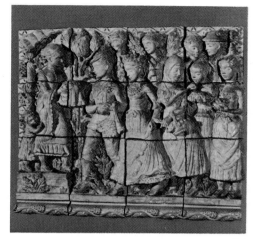

102

DIE VOLKSTANZGRUPPE PROBT, 1952
Wandbild, Terrakotta, graviert, engobiert,
mit Deckglasur.
Aufschrift: „Próbál a népi tánccsoport K M"
(Die Volkstanzgruppe probt M K),
240 × 240 cm.
Außenministerium, Budapest
(Bild 95)

103

HELD JÁNOS, 1952
Wandbild, Mettlacherplatten, mit Deckglasur.
Aufschrift: „K M Petőfi Sándor János vitéz
1844" (M K Sándor Petőfi Held János 1844),
240 × 100 cm.
Dunaújváros

OFEN MIT HOCHZEITSSZENEN, 1953
Terrakotta, mit Deckglasur, 117 × 100 cm.
Szentendre, eingebaut
(Bild 96 und Farbtafel 34)

SINGENDE, 1953
Relief, Terrakotta. Signiert: „K M 1953",
80 × 40 cm.
Szentendre
(Bild 97)

WEINLESE, 1953
Relief, Terrakotta, engobiert, 39 × 39 cm.
○

104

105

JAHRESZEITEN, 1953
Nischenrelief, Terrakotta, engobiert,
mit Deckglasur.
Aufschrift: „Tavasz, nyár, ősz, tél"
(Frühjahr, Sommer, Herbst, Winter),
260 × 60 cm.
Budapester Historisches Museum

GLASBLÄSER, 1953
Relief, Terrakotta.
Signiert: „K M", 70 × 90 cm.
Kulturhaus der Glasfabrik von Parád.

MARTINSTAHLWERKER, 1953
Relief, Terrakotta, engobiert, 70 × 70 cm.
Glasfabrik, Parád

WEINLESE MIT WAGEN, 1953
Wandbild, Terrakotta auf Mettlacherplatten,
mit Deckglasur. Aufschrift: „K M Szüret"
(M K Weinlese), 100 × 150 cm.
Szentendre (Bild 98)

ROSE VON SÁRKÖZ, 1953
Wandbild, Terrakotta, graviert, engobiert,
mit Deckglasur. Aufschrift: „Sárköz rózsája"
(Rose von Sárköz), 33 × 33 cm. ○

ANKLEIDEN DER BRAUT, 1953
Wandbild, Terrakotta in Kunststein eingelegt,
engobiert, mit Deckglasur. Aufschrift:
„Menyasszony leszek, Annak is pedig a legszebb
leszek" (Ich werde Braut sein, dafür werde ich
die Schönste sein), signiert: „K M",
102 × 118 cm
Szentendre (Bild 99)

106

MÄDCHEN AN DER TÖPFERSCHEIBE,
1953
Wandbild, Terrakotta, engobiert,
mit Deckglasur, 50 × 50 cm.
Szentendre

BAUMWOLLPFLÜCKERINNEN, 1955
Relief, Terrakotta, graviert, engobiert,
mit Deckglasur.
Aufschrift: „Gyapotszedők K M"
(Baumwollpflückerinnen M K), 51,5 × 77,5 cm.
○
(Bild 100 und Farbtafel 35)

ALTES UNGARISCHES LIEBESLIED, 1955
Wandbild, Terrakotta, engobiert, graviert,
mit Deckglasur.
Aufschrift: „1955 K M Virágének"
(1955 M K Altes ungarisches Liebeslied),
199 × 80 cm. ○

107

108

Nischenrelief, Terrakotta, gedreht, modelliert,
engobiert, mit Deckglasur.
Aufschrift: „Bor vitéz ül jó lovára —
Isten hozzád, édes hölgyem" (Ritter Bor springt
auf den Schimmel — Lebe wohl, du holde
Liebe), signiert: „K M", 37 cm.
Szentendre

111

MATYÓ-FAMILIE, 1955
Wandbild, Terrakotta, graviert, engobiert,
mit Deckglasur, 78 × 23 cm.
Museum für Kunstgewerbe, Budapest

BAUERNHOCHZEIT, 1955
Wandbild, Terrakotta, graviert, engobiert,
mit Deckglasur.
Signiert: „K M", 180 × 129 cm.
Szentendre
(Bild 101)

HOCHZEIT, 1955
Relief, Terrakotta, modelliert, 87 × 103 cm.
Szentendre
(Bild 102 und Farbtafel 36)

MÄDCHEN MIT SPITZENSCHLEIER, 1955
Wandbild, Terrakotta, graviert, engobiert,
mit Deckglasur, 63 × 47 cm.
Szentendre
(Bild 103)

WEINLESE, 1955
Relief, Terrakotta, modelliert,
mit Deckglasur, 75 × 120 cm.
Museum für Kunstgewerbe, Budapest

WEINLESE IN BADACSONY, 1955
Wandbild, Mettlacherplatten,
mit Deckglasur, 200 × 300 cm.
Verband der Ungarischen Architekten,
Budapest VIII., Dienes László utca 2

MITTELALTERLICHE WEINLESE, 1956
Wandbild, Terrakotta, graviert, mit Deckglasur.
Signiert: „K M", 150 × 250 cm.
Staatlicher Weinkeller, Balatonfüred
(Bild 104)

DORFSCHÖNHEIT, 1956
Flachrelief, Terrakotta, graviert, engobiert,
mit Glasur. Aufschrift: „K M — Falu szépe"
(M K — Dorfschönheit), 40 × 44 cm. ○

109

110

DORFVERGNÜGEN, 1958
Wandbild, Terrakotta, graviert,
mit Deckglasur, 400 × 200 cm.
Wärmekraftwerk „7 November", Inota

„HEI, FISCHER, FISCHER..." 1958
Relief, Schamotte mit Ton, modelliert,
64 × 100 cm. ○

117

DER METEOROLOGE, 1960
Relief, Terrakotta, modelliert, engobiert.
Aufschrift: „OMI 1860—1960"
(Meteorologisches Zentralinstitut 1860–1960),
140 × 135 cm.
Meteorologisches Zentralinstitut, Budapest

112

115

DIE SCHLAFENDE MUTTERERDE
UND DIE VIER JAHRESZEITEN, 1959
Relief, Terrakotta, engobiert, 150 × 100 cm.
Meteorologische Weltorganisation, Genf
(Bild 105)

118

113

116

„RECKEN, HOCH ZU PFERDE..." 1959
Relief, Terrakotta, graviert, mit Deckglasur.
Aufschrift: „Vitézek, mi lehet e széles föld
felett — Szebb dolog az végeknél" (Recken,
hoch zu Pferde, gibt es auf der Erde
größeres Glück als Burg und Feld?),
signiert: „K M", 66,5 × 48 cm.
Szentendre

SPIELE, 1959
Wandbild, Terrakotta, mit Deckglasur,
100 × 200 cm.
Ministerium für Bildungswesen, Budapest

114

119

BEIM OBSTPFLÜCKEN, 1960
Wandbild, Klinker, vertieft, mit Deckglasur,
140 × 135 cm.
Szentendre

120

123

125

ES GINGEN ZWEI MÄDCHEN BLUMEN
PFLÜCKEN, 1961
Relief, Terrakotta, graviert, modelliert,
engobiert, mit Deckglasur. Aufschrift:
„Élment a két lány virágot szedni….."
(Es gingen zwei Mädchen Blumen pflücken…)
114 × 149 cm. Szentendre
(Eine Variante befindet sich im Museum
für Kunstgewerbe, Budapest; Bild 106)

121

122

124

126

AUF DEN SPUREN VERGANGENER
ZEITEN, 1961
Wandbild, Terrakotta, mit Deckglasur.
Aufschrift: „Eltűnt idők nyomában"
(Auf den Spuren vergangener Zeiten),
150 × 120 cm. Blutspendenzentrale, Budapest

MENSCH UND ARBEIT, 1961
Hochrelief, Schamotte, durchbrochen,
600 × 800 cm.
Centre International du Travail, Turin
(Bild 107)

MARKT, 1961
Relief, Terrakotta, modelliert.
Aufschrift: „*Almát vegyenek, halat tessék,
Halvásár Anno 1961*" (Kauft Äpfel!
Fische, bitte sehr! Fischmarkt, Anno 1961),
signiert: „*K M*", 89 × 66 cm.
Szentendre

*GEDENKSCHALE ZUM VIERZIGSTEN
HOCHZEITSTAG VON GYULA KAESZ
UND SEINER EHEFRAU, 1965*
Nischenrelief, gedreht, modelliert,
mit Deckglasur. Aufschrift: „*Ily sok év
a házastársak életét eggyé kovácsolta —
Az ütéseket a sors adta hozzá — L K —
K GY 1925–1965 — 40*" (Viele Jahre haben
die Eheleute zusammengeschmiedet —
die Schläge hat das Schicksal gegeben —
L K — K GY 1925–1965 — 40), 54 cm.
Szentendre
(Bild 111 und Farbtafel 46)

DIE VERLORENE TOCHTER, 1968/69
Relief, Schamotte — Terrakotta.
Aufschrift: „*Tékozló lány K M*"
(Die verlorene Tochter M K), 82 cm.
Szentendre

NOAH UND SEINE FRAU, 1968–70
Nischenrelief, Schamotte, modelliert, engobiert.
Aufschrift: „*Noé, Noéné, Ararát, K M*" (Noah,
die Frau Noahs, Ararat, M K), 42 × 45 cm.
Szentendre
(Bild 117)

  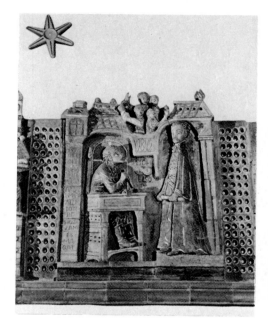

DIE ROTE REBEKKA, 1961
Flachrelief, Terrakotta, graviert.
Aufschrift: „*Fennakadsz te szép betyár,
Hess madár, Madár mondja kár, Rebi néni hess
— K M*" (Wirst noch hängen, schöner Strolch,
husch Krähe, ‚Kraa‘ ruft die Krähe, husch...
M K), 110 × 45 cm.
Szentendre

GROSSE FAMILIE, 1962
Wandbild, Terrakotta, modelliert.
Signiert: „*K M 1962*", 110 × 120 cm.
Szentendre
(Bild 108 und Farbtafel 44)

FESTESSEN, 1963
Relief, Terrakotta, engobiert,
mit Deckglasur, 24 × 24 cm.
Szentendre

UMARMUNG, 1964
Relief, Klinker, graviert, mit Deckglasur,
18 × 36 cm.
○
(Bild 109 und Farbtafel 45)

*ES TRÄUMEN
DER HIRT UND DIE HERDE, 1965*
Relief, Schamotte.
Signiert: „*K. M. Anno 1965*", 130 × 95 cm.
Szentendre
(Bild 110)

IM WALD, 1965
Relief, Terrakotta, modelliert, engobiert,
mit Deckglasur. Signiert: „*K M*",
740 × 100 cm.
Heim für körperbehinderte Kinder, Budapest

HEIDNISCHER HAIN, 1965
Hochrelief, Schamotte, engobiert.
Signiert: „*K M*", 97 × 83 cm.
Szentendre
(Bild 112)

SEID GUT ZUEINANDER! 1966
Nischenrelief, Terrakotta, modelliert,
mit Deckglasur, 36 × 50 cm. ○

KRANKENPFLEGE I, 1966
Relief, Terrakotta, eingeritzt, engobiert.
Signiert: „*Anno 1966 — K M*", 81 × 94 cm.
Szentendre
(Bild 113)

VERTREIBUNG AUS DEM PARADIES, 1967
Relief, Terrakotta, engobiert.
Aufschrift: „*K M 1967 — Jaj, Istenem!*"
(M K 1967 — Ach, mein Gott!), 120 × 106 cm.
Szentendre
(Bild 114)

LEBEN UND TOD, 1967
Relief, Schamotte, modelliert.
Aufschrift: „*Élet és halál K M*"
(Leben und Tod M K), 80 × 105 cm.
Szentendre
(Bild 115)

*ENGEL,
EINEM GEHEIMNIS LAUSCHEND, 1967*
Relief, Terrakotta, modelliert, engobiert,
mit Deckglasur. Aufschrift: „*Titkot leső
angyal*" (Engel, einem Geheimnis lauschend),
85 × 100 cm.
Szentendre
(Bild 116)

WEINLESE, 1968
Schamotte, modelliert, graviert.
Aufschrift: „*1968*", 150 × 120 cm.
Csávoly

VATER UND SOHN MIT ESEL, 1968–70
Nischenrelief, Terrakotta, gedreht, modelliert,
mit Deckglasur, 54 cm.
Szentendre
(Bild 118 und Farbtafel 53)

NÄCHTLICHER WALDESZAUBER, 1969
Relief, Schamotte, modelliert, engobiert,
83 × 126 cm.
Szentendre
(Bild 119)

TANZ DER SALOME, 1969
Relief, Schamotte, engobiert, mit Deckglasur.
Aufschrift: „*1969*", 139 × 98 cm.
○
(Bild 120)

DER SAME, 1969
Relief, Schamotte, engobiert.
Aufschrift: „*A mag*" (Der Same).
Signiert: „*K M 1969*", 51,5 × 77,5 cm.
○
(Bild 121 und Farbtafel 54)

*ZWEI JUNGFRAUEN
IM TRAUMSCHIFF, 1969*
Relief, Terrakotta, modelliert.
Aufschrift: „*Két hajadon álomhajón*"
(Zwei Jungfrauen im Traumschiff),
155 × 143 cm.
○
(Bild 122 und Farbtafel 55)

*„IM BLAUEN WALD,
AUF GRÜNEM FELD..." 1969*
Relief, Schamotte mit Ton, modelliert,
engobiert, mit Deckglasur. Aufschrift:
„*Kék erdőben, zöld mezőben sétál egy madár
KM*" (Im blauen Wald, auf grünem Feld
spaziert ein Vogel M K), 76 × 152 cm.
Szentendre
(Bild 123)

STILLES FESTMAHL DER ALTEN,
1969/70
Relief, Terrakotta, modelliert, engobiert.
Aufschrift: „Öregek csöndes lakomája, K M"
(Stilles Festmahl der Alten, M K),
106 × 150 cm.
Szentendre
(Bild 124)

CANTATA PROFANA, *1969/70*
Flachrelief, Schamotte, modelliert, engobiert.
Signiert: „K M", 77 × 142 cm.
Szentendre
(Bild 125 und Farbtafel 58)

ZUSAMMENGEHÖRIGKEIT, *1970*
Relief, Schamotte, 73 cm.
Szentendre
(Bild 126)

WANDBILD MIT KERZENLEUCHTER, *1971*
Relief, Schamotte, engobiert, graviert,
77 × 55 cm.
Szentendre

RELIEF VON SZÉKESFEHÉRVÁR, *1972*
Relief, Schamotte, engobiert,
mit Deckglasur, 150 × 120 cm.
Székesfehérvár

DIE GESCHICHTE
DES SIEBENHUNDERTJÄHRIGEN GYŐR,
1973
Reliefreihe (10 Stück), Terrakotta, modelliert,
engobiert, gravierte Verzierungen,
150 × 130 cm.
In der Aula der Móra-Ferenc-Grundschule,
Győr
(Bild 127 und Farbtafel 62, 63, 64)

Titel der einzelnen Reliefs der Reihe:
Sankt Stephan, Koppány
Anonymer Chronist
Türkenkämpfe
Kazinczy nach Kufstein (Farbtafel 62)
Bild und Schlüssel der Stadt Győr (Farbtafel 63)
Besuch Sándor Petőfis (Farbtafel 64)
Neuaufbau
In memoriam Radnóti
Ein Zitat von Kosztolányi
Einzug der Arpaden

SCHWARZGELBE TASSE, *1928*   128
Terrakotta, gedreht, mit Deckglasur.
Verschollen

BLAUE VASE
MIT GELBEN WEINTRAUBEN, *1928*
Terrakotta, gedreht, mit Deckglasur.
Verschollen

129

BLAUE VASE
MIT FIGURALEN RELIEFS, *1928*
Terrakotta, gedreht, mit Deckglasur.
Verschollen

KERZENLEUCHTER
MIT BLAUEM GRIFF, *1928*
Terrakotta, gedreht, mit Deckglasur.
Verschollen

KERZENLEUCHTER MIT VOGEL,
1928. Terrakotta, gedreht, mit Deckglasur.
Verschollen

BLAUE SCHALE MIT RELIEF, *1928*
Terrakotta, gedreht, mit Deckglasur.
Verschollen

VASE MIT HIRSCHEN, *1928*
Terrakotta, gedreht, mit Deckglasur.
Verschollen

KERZENLEUCHTER MIT DREI TIEREN,
1928. Terrakotta, gedreht, mit Deckglasur.
Verschollen

DREIFACHER KERZENLEUCHTER
MIT ZWEI TIEREN, *1928*
Terrakotta, gedreht, mit Deckglasur.
Verschollen

KERZENLEUCHTER IN FORM EINER ENTE,
1928
Terrakotta, gedreht, mit Deckglasur.
Verschollen

OBSTSCHALE HALTENDE FIGUR, *1928*
Terrakotta, gedreht, mit Deckglasur.
Verloren

GEFÄSS IN FORM EINES LÖWEN, *1928*
Terrakotta, gedreht, mit Deckglasur.
Verschollen

GEFÄSS IN FORM EINES HAHNES, *1928*
Terrakotta, gedreht, mit Deckglasur.
Verschollen

VIERARMIGER KERZENLEUCHTER
IN FORM EINES HIRSCHES, *1930*
Terrakotta, gedreht, mit Deckglasur.
Verschollen

WEIHWASSERBECKEN, *1930*
Terrakotta, gedreht, mit Deckglasur.
Szentendre

MARIA-KRUG, *um 1933*
Terrakotta, gedreht, engobiert, 37 cm.
Verschollen

ZWEIARMIGER KERZENLEUCHTER,   130
1933–35
Terrakotta, gedreht, engobiert,
mit Deckglasur, 15 cm.
Verschollen

KRUG, 1935
Terrakotta, gedreht, graviert, engobiert, 25 cm.
Verschollen

KRUG MIT ADAM UND EVA, 1935
Terrakotta, gedreht, bemalt. Szentendre

KRUG MIT DER JUNGFRAU MARIA, 1935
Terrakotta, gedreht, bemalt. Verschollen

KRUG MIT EINGEPRÄGTEM HAHN, 1937
Terrakotta, gedreht, engobiert, 19 cm.
Szentendre

KRUG MIT HAHN, 1937/38
Terrakotta, gedreht, Deckglasur, 20 cm.
Szentendre

131

133

DIE VIER EVANGELISTEN IV. 135
ADLER (JOHANNES), um 1938
Terrakotta, gedreht, engobiert.
Signiert: „K. M.", 42 cm.
Szentendre

SCHALE MIT ZWIEBELTURM, 1939
Terrakotta, gedreht, graviert,
engobiert, 23 cm. Szentendre

KRUG IN FORM EINES HIRSCHES
MIT GEFLOCHTENEM HENKEL, 1935/36
Terrakotta, gedreht, mit Deckglasur, 22 cm.
Szentendre

„IM BLAUEN WALD,
AUF GRÜNEM FELD...", KRUG, 1936
Terrakotta, gedreht, mit Deckglasur.
Aufschrift: „Kék erdőben, zöld mezőben sétál
egy madár — K M 1936" (Im blauen Wald,
auf grünem Feld spaziert ein Vogel — M K
1936), 35 cm. Szentendre (Bild 128)

GROSSER KRUG, 1938
Terrakotta, gedreht, graviert, engobiert, 70 cm.
Szentendre

KRUG MIT SANKT GEORG
UND SANKT MICHAEL, 1938
Terrakotta, gedreht, graviert, engobiert.
Aufschrift: „St. Georgius — St. Michael",
56 cm. Szentendre

132

„VANITATUM VANITAS"
SPIEGELRAHMEN
MIT ZWEI KERZENLEUCHTERN, 1936
Terrakotta, gedreht, graviert, mit Deckglasur.
Aufschrift: „Vanitatum vanitas 1936 K M",
43 cm. Szentendre (Bild 129)

SCHALE MIT WIESENSCHMÄTZER, 1936
Terrakotta, gedreht, engobiert.
Signiert: „K M 1936", 30 cm. Szentendre

SCHALE MIT GREIF, 1936
Terrakotta, gedreht, engobiert,
mit Deckglasur, 31 cm. Szentendre

FLACHER KRUG, 1936
Terrakotta, gedreht, engobiert, 25 cm. Szentendre

134

DIE VIER EVANGELISTEN I.
STIER (LUKAS), 1938
Terrakotta, gedreht, engobiert.
Aufschrift: „Lucas", 37 cm. Szentendre

DIE VIER EVANGELISTEN II.
LÖWE (MARKUS), um 1938
Terrakotta, gedreht, engobiert.
Signiert: „K. M.", 33 cm. Szentendre

DIE VIER EVANGELISTEN III.
WIDDER (MATTHÄUS), um 1938
Terrakotta, gedreht, engobiert.
Signiert: „K. M.", 42 cm. Szentendre

136

VASE MIT BOGENSCHÜTZEN, um 1939
Terrakotta, gedreht, graviert, engobiert.
Signiert: „K. M.", 66 cm.
Szentendre

KANNE MIT VOGELRELIEF, 1940
Terrakotta, gedreht.
Aufschrift: „Anno Domini 1940", 44 cm.
Szentendre

137

GROSSE AMPHORA, um 1940–42
Terrakotta, gedreht, graviert,
mit Deckglasur, 55 cm.
Szentendre (Bild 130)

KELCH MIT HENKEL UND
BLUMENMUSTER, 1940
Terrakotta, gedreht, engobiert, 25 cm. ○

TAUBE, 1940–43
Terrakotta, gedreht, engobiert, 15 cm.
Szentendre
(Bild 131)

FISCH, 1940–45
Terrakotta, gedreht, engobiert, 10 cm.
Szentendre

SCHIMMEL, 1940–45
Terrakotta, gedreht, engobiert, 23 cm.
Szentendre

SCHALE MIT STIER, um 1943/44
Terrakotta, gedreht, engobiert, 23 cm.
Szentendre
(Bild 132)

SCHALE MIT PFERD, um 1943/44
Terrakotta, gedreht, engobiert, 23 cm.
Szentendre
(Bild 133)

PLATTER FISCH, um 1945–50
Terrakotta, gedreht, engobiert, 29 cm.
Szentendre

SCHALE MIT EVANGELISTEN, 1946/47
Terrakotta, gedreht, engobiert, 55 cm.
Szentendre

SCHALE MIT ENGEL, 1947
Terrakotta, gedreht, 30 cm. Szentendre

138

KÜKEN, 1948
Terrakotta, gedreht, bemalt, 17 cm. ○

„FLUCTUAT NEC MERGITUR", KRUG,
1948/49
Terrakotta, gedreht, engobiert, mit Deckglasur,
25 cm. Szentendre (Bild 134 und Farbtafel 21, 22)

SCHALE MIT EIDECHSE, 1949
Terrakotta, gedreht, mit Deckglasur, 58 cm.
Szentendre (Bild 135 und Farbtafel 23)

BAUCHIGE VASE MIT FUSS, 1948
Terrakotta, gedreht, bemalt, 15 cm. ○
Szentendre

SCHALE MIT GEMSE, 1948
Gedreht, engobiert, mit Deckglasur, 30 cm.
Szentendre

VERDUTZTES HUHN, um 1949
Terrakotta, gedreht, engobiert, 22 cm.
Szentendre

139

STIER, 1949/50
Terrakotta, modelliert, engobiert,
mit Deckglasur und eingeritzter Verzierung,
44 cm.
Szentendre

SCHILDKRÖTE, 1949/50
Gedreht, mit Deckglasur, 29 cm.
Szentendre

140

SCHALE MIT GEIER, 1950
Terrakotta, gedreht, mit Deckglasur, 55 cm.
Szentendre
(Bild 136 und Farbtafel 24)

LÖWE, 1950
Terrakotta, gedreht, engobiert, 31 cm.
Szentendre

FISCH MIT OFFENEM MAUL, 1950
Terrakotta, gedreht, engobiert, 16 cm.
Szentendre

VASE MIT HAHN UND HENNE I, um 1950
Terrakotta, gedreht, engobiert,
mit Deckglasur, 32 cm. Szentendre

VASE MIT HAHN UND HENNE II, um 1950
Terrakotta, gedreht, engobiert,
mit Deckglasur, 32 cm. Szentendre

141

VASE MIT HAHN UND HENNE III, um 1950
Terrakotta, gedreht, engobiert,
mit Deckglasur, 32 cm.
Győr

ENGEL MIT AUSGEBREITETEN FLÜGELN,
um 1950
Terrakotta, gedreht, engobiert, 58 cm.
Szentendre

GROSSE WEINSCHALE, um 1950
Gedreht, bemalt, 29 cm. ○

ENTE, um 1950
Terrakotta, gedreht, mit eingeritzter Verzierung,
11 cm.
Szentendre

142

WEISSER KRUG MIT BLAUEN BLUMEN,
um 1950
Terrakotta, gedreht, mit Deckglasur, 26 cm.
Szentendre
(Bild 137 und Farbtafel 26)

SITZENDER WIDDER, *um 1950*
Terrakotta, gedreht, mit Deckglasur, 18 cm.
Szentendre

PERLHUHN, *um 1950*
Terrakotta, gedreht, modelliert,
mit Deckglasur, 15 cm.
Szentendre

SCHALE MIT VOGEL,
DER EINEN FISCH ERBEUTET HAT,
um 1950
Terrakotta, gedreht, engobiert.
Signiert: „K M", 30 cm. Szentendre (Bild 138)

SICH UMARMENDE LÖWEN, *um 1950*
Terrakotta, gedreht, modelliert, 25 cm.
Szentendre

143

144

SCHALE MIT GEIER, *um 1950*
Gedreht, bemalt, 29 cm. ○

ROTER KRUG MIT ADLERKOPF, *um 1950*
Terrakotta, gedreht. Signiert: „K M 1950",
25 cm. ○

145

VASE MIT GRÜNEM FISCH, *1950/51*
Gedreht, bemalt, 29 cm. ○

HIRSCH MIT BLUME, *1950–53*
Terrakotta, gedreht, engobiert, 32 cm.
Szentendre

DUNKLER HIRSCH, *1950–55*
Terrakotta, gedreht, engobiert, 32 cm.
Szentendre
(Bild 139)

FRIEDENSKRUG, *1951*
Terrakotta, gedreht, engobiert, mit Deckglasur.
Aufschrift: „K M 1951 Békekorsó" (M K 1951
Friedenskrug), 42 cm. Szentendre (Bild 140)

146

GEFÄSS MIT DECKEL, *1951*
Terrakotta, gedreht.
Signiert: „K M 1951", 21 cm.
Szentendre

SIEGELLACKFARBIGER KRUG, *1951* .
Terrakotta, gedreht.
Signiert: „Anno 1951 K M", 22 cm.
Szentendre

GRÜN ENGOBIERTES GEFÄSS
MIT VOGELKOPF, *1951*
Terrakotta, gedreht, mit Deckglasur.
Signiert: „1951 K M", 22 cm. ○

„JONAS"-POKAL, *1951*
Terrakotta, gedreht, mit Deckglasur.
Aufschrift: „Jónás-cápa — K M"
(Jonas-Walfisch — M K), 36 cm.
Szentendre (Bild 141)

KLEINES GRÜNES GEFÄSS MIT HENKEL,
1952
Terrakotta, gedreht, engobiert, mit Deckglasur.
Signiert: „1952 K M", 14 cm. ○

POKAL MIT LILA „KM", *1952*
Terrakotta, gedreht.
Signiert: „K M", 28 cm. ○

SCHALE MIT LÖWEN, *1952*
Terrakotta, gedreht, engobiert,
mit Deckglasur, 31 cm.
Szentendre

147

MÄRCHENKRUG, *1952*
Terrakotta, gedreht, graviert, engobiert,
mit Deckglasur. Aufschrift: „Hol volt,
hol nem volt — K M — 1952" (Es war einmal
— M K — 1952), 81 cm.
Szentendre
(Bild 142)

GROSSER KRUG, *1952*
Terrakotta, gedreht, engobiert.
Signiert: „1952 K M", 45 cm. Szentendre

„MÄRZ-KRUG", *1952*
Terrakotta, gedreht, modelliert, graviert,
mit Deckglasur. Aufschrift: „Március K M"
(März M K), 35 cm.
Szentendre (Bild 143)

GROSSE SCHALE MIT ENTE, *um 1952*
Gedreht, bemalt, 29 cm. ○

KRUG MIT SPATZEN, *um 1952/53*
Terrakotta, gedreht, graviert, engobiert, 17 cm.
○

„DER PFAU IST AUFGEFLOGEN..."
SCHALE, *1953*
Terrakotta, gedreht, modelliert, graviert,
engobiert, mit Deckglasur. Aufschrift: „1953 —
Felszállott a páva a vármegyeházra —
Sok szegénylegénynek szabadulására" (Auf das
Komitatshaus flog der Pfau im Maien, All die
vielen armen Burschen zu befreien), 57 cm.
Szentendre

TAUBE, 1958
Gedreht, bemalt, 16 cm. Szentendre

ADLER MIT SCHLANGE, 1953
Terrakotta, gedreht, engobiert,
mit Deckglasur, 31 cm. ○

SCHWARZER ADLER, 1953
Terrakotta, gedreht, mit gravierter Verzierung,
33 cm.
Szentendre
(Bild 144)

GELBER KRUG MIT VOGEL
IN AUFGEPLUSTERTEM FEDERKLEID,
um 1953
Terrakotta, gedreht, 14 cm. ○

VASE MIT HAHN UND BLUME, 1953/54
Terrakotta, gedreht. Signiert: „K M", 30 cm.
Szentendre

VASE MIT LILA WEINTRAUBEN, 1953/54
Terrakotta, gedreht, engobiert, 21 cm. ○

TERRAKOTTAVASE
MIT WEISSER GLASUR, um 1953/54
Terrakotta, gedreht, mit Deckglasur, 17 cm.
○

VASE, um 1953/54
Terrakotta, gedreht, mit Deckglasur.
Signiert: „K M", 20 cm.
Szentendre

VASE
MIT BERITTENEM BOGENSCHÜTZEN, 1954
Gedreht, bemalt, 70 cm.
Szentendre

KRUG MIT TIERKOPF, 1954
Terrakotta, gedreht, engobiert.
Signiert: „K M", 36 cm.
Szentendre

KRUG MIT ROTER INNENFLÄCHE, 1954
Terrakotta, gedreht, engobiert.
Signiert: „1954 K M", 19 cm.
Szentendre

FRIEDENSTAUBE, 1954
Terrakotta, gedreht, engobiert, 25 cm.
Szentendre

VASE MIT FUSS, 1954
Terrakotta, gedreht,
mit gravierten Verzierungen. Aufschrift:
„Anno 1954", 26 cm. ○

ROTER KRUG MIT HIRSCHEN
MIT WEISSEN KONTUREN, um 1954
Terrakotta, gedreht, 16 cm.
Szentendre

ELFENBEINFARBENE VASE MIT HUHN,
1954/55
Terrakotta, gedreht.
Signiert: „K M", 20 cm.
Szentendre

VASE MIT HUHN, um 1954/55
Gedreht, bemalt, 32 cm. ○

KOBALTFARBENE SCHALE MIT HIRSCH,
1955
Terrakotta, gedreht.
Signiert: „K M Anno 1955", 28 cm. ○

SCHALE MIT BLAUEN FISCHEN, um 1955
Terrakotta, gedreht, engobiert, 31 cm. ○

ZÄHNEFLETSCHENDER LÖWE, 1957
Terrakotta, gedreht, modelliert, engobiert,
mit Deckglasur. Signiert: „K M", 37 cm.
Szentendre
(Bild 145)

DRACHE, 1959
Terrakotta, gedreht, modelliert, engobiert,
mit Deckglasur, 32 cm.
Szentendre

HIRSCHTREIBER, um 1960
Terrakotta, mit eingeritzter Verzierung, 35 cm.
Szentendre

KRUG MIT „ARCHE NOÄ", um 1960
Terrakotta, gedreht, graviert,
mit wenig Deckglasur, 40 cm.
Szentendre
(Bild 146)

„FRÜHLINGSWIND
BRINGT HOCHWASSER", SCHALE
um 1960
Terrakotta, gedreht, engobiert, mit Deckglasur.
Aufschrift: „Tavaszi szél vizet áraszt, virágom,
virágom — minden madár társat választ, virágom,
virágom" (Frühlingswind bringt Hochwasser,
meine Blume, meine Blume — jeder Vogel
sucht sich ein Pärchen, meine Blume,
meine Blume), 52 cm.
Szentendre

SILEN-KRUG, 1964
Terrakotta, gedreht, modelliert, engobiert.
Aufschrift: „Silenus", 25 cm.
Szentendre

SYMBOL, 1965
Terrakotta, gedreht, engobiert, 48 cm.
Szentendre

HIRTENKRUG, 1967
Terrakotta, gedreht, engobiert, graviert, 62 cm.
Szentendre

KRUG MIT DUDELSACKPFEIFER, 1968
Terrakotta, gedreht, modelliert. Aufschrift:
„1968", 50 cm.
Szentendre
(Bild 147)

ANGELUS-SCHALE, 1970
Terrakotta, gedreht, engobiert, 30 cm.
Szentendre

ANGELNDER ERZENGEL, 1971
Schamotte, gedreht, engobiert,
mit eingeritzter Verzierung, 50 cm.
Szentendre

Printed in Hungary 1989
Druckerei Kossuth, Budapest
CO 2637-h-8993
KK 517-K-8993